NEURODESIGN

CONSELHO EDITORIAL

André Luiz V. da Costa e Silva

Cecilia Consolo

Dijon De Moraes

Jarbas Vargas Nascimento

Luís Augusto Barbosa Cortez

Marco Aurélio Cremasco

Rogerio Lerner

Sarah Soler

NEURODESIGN
A neurociência aplicada ao design

Neurodesign: a neurociência aplicada ao design
© 2024 Sarah Correa Soler A. Titz de Rezende
Editora Edgard Blücher Ltda.

Publisher Edgard Blücher
Editor Eduardo Blücher
Coordenador editorial Rafael Fulanetti
Coordenação de produção Andressa Lira
Produção editorial Regiane da Silva Miyashiro
Preparação de texto Cristiana Gonzaga
Diagramação Plinio Ricca
Revisão de texto Mariana Góis
Capa e imagem da capa Leandro Cunha

Blucher

Rua Pedroso Alvarenga, 1245, 4º andar
04531-934 – São Paulo – SP – Brasil
Tel.: 55 11 3078-5366
contato@blucher.com.br
www.blucher.com.br

Segundo o Novo Acordo Ortográfico, conforme 6. ed.
do *Vocabulário Ortográfico da Língua Portuguesa*,
Academia Brasileira de Letras, julho de 2021.

É proibida a reprodução total ou parcial por quaisquer
meios sem autorização escrita da editora.

Todos os direitos reservados pela Editora
Edgard Blücher Ltda.

Dados Internacionais de Catalogação na Publicação (CIP)
Angélica Ilacqua CRB-8/7057

Soler, Sarah

Neurodesign: a neurociência aplicada ao design /
Sarah Soler. – São Paulo : Blucher, 2024.

142 p. : il.

Bibliografia
ISBN 978-85-212-2090-9

1. Design 2. Neurologia 3. Neurociência 4.
Marketing I. Título

24-0327 CDD 745.4

Índices para catálogo sistemático:

1. Design

Não somos máquinas de pensar, somos máquinas de sentir que pensam.

Damásio, s.d.

Para Bruno, com todo meu amor.
Aos meus pais, João e Maria, que me apoiam incondicionalmente.

Conteúdo

Introdução	11
1. Breve histórico da neurociência	13
2. Neurociência do consumo	25
3. Neuroestética: arte e ciência	45
4. Neurodesign: o uso da neurociência no processo criativo de design	65
5. Neurofisiologia aplicada à moda	87
6. Mercado da beleza: solo fértil para o neurodesign	91
7. Considerações finais	125
Referências	129
Webgrafia	141

Introdução

O século XXI, conhecido como o século da mente, trouxe diversos avanços significativos, entre eles, os recursos tecnológicos que resultaram em maior compreensão acerca do ser humano, em especial o funcionamento do cérebro e da mente. Algumas teorias surgiram e foram cruciais para trazer uma nova forma de relacionar a mente à fala, ao comportamento, à percepção e a motivação humana.

Surge então a neurociência do consumo, que faz a conexão da neurociência com o comportamento do consumidor, assim como outras novas subáreas, como a neuroestética, que investiga a relação da arte no cérebro, o neuromarketing, que traça a relação entre as peças de comunicação com a mente, e o foco deste livro – o neurodesign.

Existe uma influência da aplicação da neurociência, por meio de testes da neurofisiologia, para entender melhor o comportamento do consumidor e, consequentemente, desenvolver com eficácia o design, resultando em uma significativa redução das taxas de rejeição a produtos, embalagens ou peças de comunicação.

Essa nova área tem sido chamada de neurodesign. É fato que na atual conjuntura há diversas marcas disputando a atenção e a preferência do consumidor, e não é de hoje que as marcas buscam integrar diversas áreas e metodologias para se destacar com êxito na concorrência.

Por esse motivo, as marcas começaram a investigar e compreender além dos elementos semióticos, estéticos, funcionais, culturais, comportamentais e psicológicos, e passaram a inserir elementos neurofisiológicos presentes no comportamento do consumidor, ou seja, incorporar a influência do cérebro, do inconsciente e da mente no momento da compra e as possíveis preferências não apenas no nível consciente, mas inconsciente em relação ao produto e ao design.

Pradeep afirma que "o neurodesign abre as portas para o desenvolvimento de produtos e serviços capazes de tocar a verdade interior e a sensibilidade estética que existe dentro de nós" (Pradeep, 2012, p. 18).

O designer e professor Gui Bonsiepe (2011) postula que o *experience design* "serve para enfatizar a ligação do design com experiências e emoções, na qual o que se pode projetar são produtos que evocam determinadas emoções" (Bonsiepe, 2011, p. 99).

A crítica de Bonsiepe faz parte de um dos pilares dos questionamentos que este projeto (minha pesquisa de mestrado que resultou neste livro) pretendeu investigar, ou seja, se realmente faz sentido inserir o inconsciente como premissa nas metodologias de criação, bem como se é possível projetar emoções nos produtos de design e se há, de fato, eficiência em utilizar a neurociência e seus métodos para enriquecer o processo criativo de design e da moda.

O próprio Bonsiepe (2011, p. 116), afirma que "o designer, como produtor das distinções visuais e da semântica da cultura cotidiana, influi nas emoções, nos comportamentos e nas atitudes do usuário".

Este livro busca investigar se de fato há a aplicação do neurodesign como parte da metodologia no processo de criação de design, quais testes são utilizados, tanto em escala nacional e internacional, qual a real influência do inconsciente no entendimento do consumidor e o quanto isso é capaz de influenciar o desenvolvimento de novos produtos, ou seja, quais aprendizados e alertas serão necessários também.

A obra é fruto da minha pesquisa de mestrado que teve como objetivo investigar a inserção da neurociência no processo criativo de design. Para isso, foram levantados o estado da arte, *cases* que ilustram a inserção no mercado da moda, da beleza e do design, agências de design e consultorias de neurociência do consumo atuantes no Brasil. Ao longo deste livro, será abordada a inserção dos testes no mercado de beleza, da moda e do design. Vale ressaltar que há partes inéditas no livro, assim como partes (da dissertação) que foram subtraídas para que a leitura se tornasse mais dinâmica e fluida.

CAPÍTULO 1
Breve histórico da neurociência

NEUROCIÊNCIA

Descrever a neurociência não é uma tarefa simples. Assim, faremos uma breve introdução no intuito de contextualizar e direcionar ao momento em que é relevante para o entendimento de como a neurociência chegou até o design. Nesse sentido, este livro partirá da compreensão acerca do funcionamento do cérebro humano e a relação da mente com o comportamento do consumidor.

Autores como Carneiro (1997) e De Gregori (1999) descrevem a década de 1990 como a década do cérebro, na qual a neurociência e as novas teorias sobre o cérebro trouxeram novas perspectivas sobre as concepções da mente e da consciência humana. Os avanços científicos e tecnológicos permitiram um novo olhar e entendimento acerca do funcionamento do cérebro e, também, da mente e trouxeram luz aos conceitos preexistentes. É fato que esta área cada vez mais irá surpreender e evoluir. Kandel *apud* Pradeep (2012) atesta que a compreensão da mente humana em termos biológicos tornou-se o principal desafio da ciência no século XXI.

O cérebro humano evoluiu a um estágio que permitiu que a humanidade instituísse uma civilização, fazendo com que o homem se tornasse adaptável em qualquer local do mundo. Vale ressaltar também que o caráter evolutivo das pesquisas científicas resultou em uma nova abordagem acerca da mente, seu comportamento e condicionamento. Atualmente, graças às tomografias computadorizadas, pode-se ter um entendimento mais profundo do funcionamento do cérebro, assim como de outras regiões do corpo humano. A própria evolução da humanidade resultou em um entendimento mais holístico em diversas áreas, uma delas sendo a medicina, cujo conceito de corpo e mente deve ser tratado de forma integrada. Um exemplo claro dessa integração são os diversos estudos que emergem todos os dias comprovando a importância da mente, por exemplo, no processo de cura.

Outra área que evolui muito em conjunto com a neurociência é a do consumo, ou seja, desvendar a mente adentrou na esfera da estética, da arte e da comunicação, o que resultou em uma nova teoria do inconsciente e revolucionou a abordagem e a maneira de criar, comunicar e, consequentemente, de consumir os produtos, evidenciando que o comportamento de compra é ditado por estímulos inconscientes da mente.

Del Nero (1997) afirma que a mente deixou de ser percebida como passiva a partir da década de 1950 com a *revolução cognitiva*. Nessa época, ao construírem programas computacionais que comprovavam os teoremas matemáticos, os cientistas trouxeram uma assimilação e entendimento de que o processamento do cérebro tem certa similaridade com a de um computador. Um exemplo que ilustra esse conceito são os trabalhos de Turing nos anos 1930, que mostravam a natureza computacional dos processos de pensamento. A partir desse conceito, criou-se uma teoria geral da mente, a *ciência cognitiva*.

CÉREBRO

Segundo Moraes (2009), o conhecimento que se tem do cérebro provém de lenta e meticulosa pesquisa, já que o cérebro é uma região de difícil acesso para investigação (Figura 1.1). Durante a maior parte do tempo, a consciência, por exemplo, não era associada ao cérebro. Hipócrates (460 a.C.–377 a.C.), considerado o pai da medicina, trouxe pela primeira vez o conceito de que o cérebro controla os movimentos do corpo e, ainda, que seria a sede da mente, por isso afirmava:

> Deveria ser sabido que ele é a fonte do nosso prazer, alegria, riso e diversão, assim como nosso pesar, dor, ansiedade e lágrimas, e nenhum outro que não o cérebro. É especificamente o órgão que nos habilita a pensar, ver e ouvir, a distinguir o feio do belo, o mau do bom, o prazer do desprazer. É o cérebro também que é a sede da loucura e do delírio, dos medos e sustos que nos tomam, muitas vezes à noite, mas às vezes também de dia; é onde jaz a causa da insônia e do sonambulismo, dos pensamentos que não ocorrerão, deveres esquecidos e excentricidades (Finger, 1994, p. 19).

Este conceito evoluiu a partir de Galeno (129–216), filósofo e médico romano de origem grega, que propôs o cérebro como centro receptor das sensações, "porque nele se produz o raciocínio e se conserva a lembrança das imagens sensoriais" (Galeno, 1854, p. 531-538). Além disso, Galeno também foi responsável pelos estudos da anatomia do encéfalo em seus detalhes.

Figura 1.1 Breve histórico da evolução dos estudos do cérebro.
Fonte: adaptada de https://cienciadocerebro.files.wordpress.com/2014/12/linha-do-tempo.png?w=480&h=365. Acesso em: 2 jan. 2020.

TEORIA DE DESCARTES – RELAÇÃO MENTE E CORPO

Sabbatini (1997) assevera que, no século XVII, o filósofo, físico e matemático René Descartes (1596-1650) defendeu que a relação corpo e mente não era unidirecional, uma vez que o corpo funciona como uma máquina, enquanto a mente é imaterial e não segue as leis da natureza. Para Descartes, a mente e o corpo seriam conectados pela glândula pineal (Figura 1.2), por meio da qual a mente comanda o corpo e o corpo também tem a capacidade de influenciar a mente. Sob esse viés teórico, a relação é bidirecional e capaz de explicar os momentos pelos quais os seres humanos têm suas ações baseadas pelas suas paixões.

Figura 1.2 Glândula pineal. Na segunda imagem, o reflexo segundo a fisiologia de Descartes.
Fonte: adaptada de Descartes (1662).

Descartes tornou-se um marco na história da mente e do cérebro humano, pois preconizava que apesar de a mente e o cérebro serem entidades separadas, estavam interligadas e tinham poder de influência uma sobre a outra, conceito conhecido como dualismo mente-corpo.

Na Figura 1.2, de sua obra *Homine*, Descartes (1662, p. 23) descreve a fisiologia do reflexo, ao afirmar que o fogo desencadeia movimentos dos espíritos animais por meio de nervos ocos. Esse deslocamento, segundo o filósofo, abre os poros no ventrículo (F) deixando fluir espíritos que irão dilatar os músculos da perna e provocar o afastamento.

Nesse mesmo período começou a se questionar: mente e corpo são distintos, ou são compostos de materiais diferentes? A mente seria uma experiência de um cérebro físico?

FRANZ GALL – FRENOLOGIA X FLOURENS

Franz Gall, médico e anatomista alemão, criou em 1796 a frenologia, ciência que relacionava traços da personalidade com as medidas das saliências do crânio. Apesar de hoje não ser considerada mais uma ciência, na época foi um divisor de águas, pois foi Gall o primeiro a considerar a mente sendo constituída por múltiplos componentes em diferentes partes do cérebro, aos quais chamava de módulos.

Ressalta-se que, apesar de sua teoria ser desacreditada, segundo Simpson (2005), a noção de Gall de que o caráter, o raciocínio e as emoções localizam-se em partes específicas do cérebro garantiu um avanço importante na neuropsicologia (Figura 1.3).

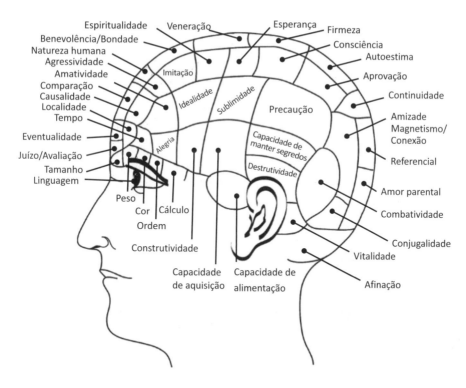

Figura 1.3 Mapa das funções criado por Gall.
Fonte: adaptada de Kandel (2012, p. 775).

Em contrapartida, o médico fisiologista francês Jean-Pierre Flourens foi um grande opositor à teoria de Gall, pois acreditava que no cérebro havia, nas partes do córtex, contribuição igual para todas as habilidades mentais. Flourens é considerado o criador da ciência experimental cerebral, já que, em 1823, formulou a teoria do Campo Agregado, que consiste em destruir partes do sistema nervoso e analisar os déficits sensoriais e motores causados por essa destruição. Nesses experimentos, o pesquisador comprovou a funcionalidade do cerebelo nos movimentos motores, confirmando a hipótese levantada por Bell e Magendie.[1] A partir dessa comprovação, concluiu que

---

[1] Hipótese de Bell e Magendie: trata-se da distinção entre nervos sensoriais e motores na medula espinhal, que se revelou muito importante, tanto para o conhecimento em neurofisiologia quanto para futuros experimentos psicológicos, por estabelecer uma base fisiológica para o entendimento das sensações e movimentos, e por propiciar o estudo dos reflexos espinhais. Tais reflexos foram assim identificados quando Bell isolou a medula do tronco cerebral e, estimulando mecanicamente as raízes dos nervos espinais anteriores, verificou que certas respostas motoras dos animais ocorriam assim mesmo. Portanto, haveria uma parte da ação humana que independia da interferência cerebral e, possivelmente, da vontade. Nessa mesma obra, Bell, um empirista, asseverava que todas as ideias se originam no cérebro (Herrnstein; Boring, 1971, p. 23).

não existiam regiões cerebrais únicas para comportamentos específicos e sugestionou que todas as regiões do cérebro participariam de cada função mental, em especial as regiões cerebrais do telencéfalo.

O CASO DE PHINEAS GAGE: A RELAÇÃO DAS FUNÇÕES COGNITIVAS E CEREBRAIS COM O COMPORTAMENTO E A PERSONALIDADE

Na sequência da evolução histórica e dos avanços acerca do cérebro e suas funções cognitivas, houve um caso que mudou a compreensão sobre o funcionamento da mente: o de Phineas Gage, em 1848. Blakemore (1977) aponta o acidente de Gage como um grande salto na história da neurologia e da compreensão da mente humana.

Conforme relata Maranhão-Filho (2014), Phineas Gage era um educado e benquisto supervisor de obras das ferrovias americanas que, ao sofrer um grave acidente que atingiu o córtex pré-frontal dentro da cabeça (Figura 1.4), ficou agressivo e com um péssimo temperamento. Segundo o autor:

> Gage tornou-se irritadiço, irreverente, grosseiro e profano (aspectos que não faziam parte do seu modo de ser), manifestava pouco respeito por seus amigos e grande impaciência quando alguns conselhos limitavam ou conflitavam com seus desejos. Sua mente havia mudado radicalmente! (Maranhão-Filho, 2014, p. 33-34)

Assim, o *córtex pré-frontal*, região atingida e comprometida de Gage, foi reconhecido como a área responsável pelo senso de julgamento crítico, raciocínio, tomada de decisão, além de ajudar a regular os comportamentos e as emoções (Figura 1.5). Por essa razão, embora Cage tenha sobrevivido, ficou com sequelas cognitivas e comportamentais.

Figura 1.4 O acidente de Phineas Cage. (A) Máscara (em vida) de Phineas Gage. (B) Crânio de Gage com o orifício nas regiões frontais. (C) Haste de ferro que perfurou o crânio de Phineas Gage.
Fonte: Maranhão-Filho, 2014, p. 34.

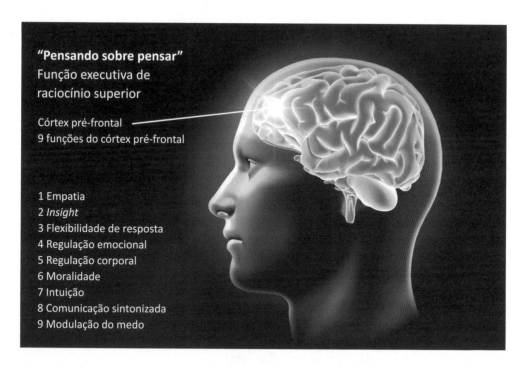

Figura 1.5 Córtex pré-frontal.
Fonte: adaptada de https://www.quora.com/What-is-the-difference-between-the-left-vs-right-dorsolateral-prefrontal-cortex-function. Acesso em: 4 fev. 2020.

O CASO H. M. DA DRA. BRENDA MILNER E AS DESCOBERTAS SOBRE A FORMAÇÃO DAS MEMÓRIAS (NEUROPSICOLOGIA)

Corkin (2002) aponta a contribuição do paciente, o Sr. Henry Gustav Molaison, conhecido como Henry Molaison ou H. M., no caso que trouxe importantes evidências sobre a compreensão da formação das memórias. Henry adquiriu uma forma grave de epilepsia um ano após ter sido atropelado por uma bicicleta, aos 9 anos, e sofrer uma grave lesão no crânio. Aos 16 anos, suas convulsões pioraram e, aos 27, passou por um novo procedimento cirúrgico com o neurocirurgião William Scoville, uma vez que se esgotaram todas as tentativas de controle disponíveis na época.

Segundo Milner (1998), a cirurgia removeu toda a área da formação hipocampal, a amígdala e as partes da área multimodal do córtex temporal bilateralmente (Figura 1.6). Scoville e Milner (1956) e Corkin (2002) afirmam que a cirurgia não resultou na cura total da epilepsia, que acabou sendo controlada por medicamentos. Como resultado da cirurgia, H. M. teve duas importantes sequelas, entre elas dois tipos de amnésia: a anterógrada, caracterizada pela incapacidade de formar novas memórias, e a retrógrada, que é a perda dos fatos ocorridos no período de três anos antes da operação.

De acordo com Carey (2010), o paciente teve seu cérebro escaneado por meio de ressonância magnética (RM), acompanhado por duas equipes distintas em dois períodos: em vida e após sua morte. Em 2008, realizaram uma varredura completa do seu cérebro. O caso foi acompanhado exaustivamente durante 54 anos por cientistas interessados, em especial pela Dra. Brenda Milner,[2] professora de neurociência cognitiva do Instituto de Neurologia de Montreal e da Universidade de McGill, no Canadá. Três anos após a cirurgia, Milner e Scoville publicaram um artigo no *Journal of Neurology, Neurosurgery & Psychiatry*, no qual apresentaram o caso H. M. e de mais oito pacientes submetidos a cirurgias semelhantes, chamando a atenção para a possibilidade de serem essas áreas as responsáveis pela aquisição da memória.

É essencial citar que o trabalho da Dra. Brenda Milner possibilitou a compreensão de alguns princípios básicos, os quais atualmente já estão estabelecidos. Segundo Squire (2009, p. 6), são eles:

1) A memória é uma função cerebral distinta de outras, como a percepção e outras funções cognitivas.

2) Existência de áreas específicas responsáveis pela consolidação de novas memórias (região do sistema de memória do lobo medial temporal: hipocampo e os córtices entorrinal e para-hipocampal).

3) Separação da memória de curto e de longo prazos.

4) A região do lobo temporal não é a região de armazenamento definitivo das memórias.

5) Constatação de mais de um tipo de memória.

---

[2] Dra. Brenda Milner: (1918-presente) médica pioneira em relacionar a neurologia com a psicologia. Contribui extensamente para a pesquisa literária sobre neuropsicologia clínica e neurociência cognitiva. Os trabalhos com o paciente H. M. foram fundamentais para o estudo da memória e de outras funções cognitivas. Ver: https://www.mcgill.ca/neuro/about/brenda-milner

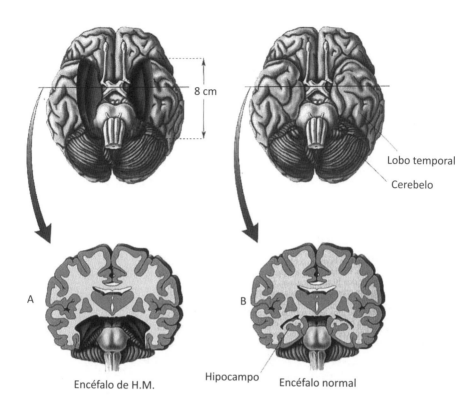

Figura 1.6 As diferenças do cérebro do paciente H. M. e de um cérebro normal.
Fonte: adaptada de http://www.mentalhealth.com.br/cerebro/texto15.htm. Acesso em: 4 fev. 2020.

BROCA, LASHLEV E LURIA

Na sequência histórica, o neurocirurgião francês Paul Broca (1824-1880) observou o cérebro *post mortem* de um paciente que só conseguia pronunciar a palavra "tan". Ao encontrar uma enorme lesão no lado anterior esquerdo do cérebro, relacionou essa área à dificuldade na produção da fala. Assim, essa região ficou conhecida como área de Broca e foi extremamente importante para o entendimento da relação região-função.

Quase um século mais tarde, o psicólogo behaviorista americano Karl Lashley (1890-1958) dedicou boa parte de suas pesquisas a mecanismos cerebrais e como eles estavam relacionados aos receptores sensoriais. Uma de suas teorias, a *Lei da ação das massas*, afirmava que o córtex cerebral teria igual participação de todo pensamento. Esta teoria diferia das ideias mais localizacionistas da época, já que não atribuía uma função específica a uma região cerebral.

Nesse mesmo período, o psicólogo soviético Alexander Luria (1902-1977) começou a pesquisar sobre a influência do cérebro no comportamento, sendo por isso considerado o pai da neuropsicologia. Seus principais objetivos eram identificar lesões cerebrais que levavam a dificuldades comportamentais, com o objetivo de diagnosticar precocemente o local onde ocorriam as lesões e assim oferecer reabilitação adequada. Para que isso fosse possível, Luria (1981) tratou cerca de 800 soldados com lesão cerebral no período pós-guerra. Seus estudos contribuíram sobremaneira para o pouco que se conhecia sobre a natureza dos processos cognitivos.

TEORIA DO CÉREBRO DIVIDIDO DE SPERRY & GAZZANIGA

Nos anos 1970, os pesquisadores estadunidenses Roger Sperry e Michael Gazzaniga desenvolveram novos estudos sobre o funcionamento e comportamento dos dois hemisférios cerebrais. Após anos de controvérsias sobre os efeitos da cirurgia de calosotomia (*split-brain* ou cérebro dividido – Figura 1.7), que auxilia no combate em casos graves de epilepsia, Michael Gazzaniga (2014) iniciou uma série de pesquisas sobre a síndrome do cérebro dividido, que culminou na descoberta de que, ao se separar o cérebro, percepções e pensamentos distintos de cada lado eram o resultado. Springer e Deutsch (1998) chegaram à conclusão de que após a cirurgia, os hemisférios esquerdo e direito não eram capazes de trocar informações sobre os *inputs* que chegavam a cada hemisfério separadamente e que o cérebro seria organizado modularmente. Eles defendiam que o lado esquerdo é mais racional, enquanto o direito é mais emocional, teoria não mais aceita atualmente.

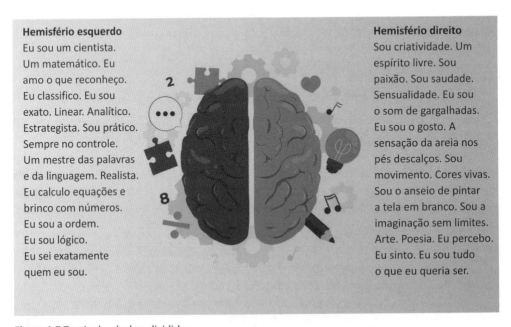

Figura 1.7 Teoria do cérebro dividido.
Fonte: adaptada de https://universoracionalista.org/wp-content/uploads/2014/05/Hemisf%C3%A9rio-Esquerdo-e--Direito.jpg. Acesso em: 4 fev. 2020.

TEORIA DO CÉREBRO TRINO – PAUL MACLEAN

Calazans (1992) preconiza a evolução do cérebro em três estágios, passando pelo réptil primitivo ao mamífero superior e resultando no cérebro triádico, descrito por MacLean. Segundo a teoria do neurocientista estadunidense MacLean (1990), o cérebro humano resulta da existência de três cérebros em um: o complexo réptil, o sistema límbico e o neocórtex.

MacLean criou a teoria do cérebro trino em 1970, afirmando que nós, humanos e primatas, temos o cérebro dividido em três unidades funcionais diferentes (Figura 1.8), e cada uma dessas unidades é resultado do processo evolutivo do sistema nervoso dos vertebrados:

1) Cérebro reptiliano (ou basal): é composto pela medula espinal e pelas porções basais do prosencéfalo. O nome se deve à sua capacidade de promover reflexos simples, o que ocorre nos répteis. MacLean nomeou esta unidade de "*R-complex*", sendo também conhecido como cérebro instintivo, que apresenta as características de sobrevivência e possui sensações primárias como fome, sede, entre outras.

2) Cérebro dos mamíferos inferiores – límbico (ou emocional): além de possuir os componentes do cérebro reptiliano, conta com os núcleos da base do telencéfalo, responsáveis pela motricidade,[3] pelo diencéfalo (tálamo, hipotálamo e epitálamo), pelo hipocampo e para-hipocampo, ambos integrantes do sistema límbico.[4] Segundo a teoria de MacLean, esse nível de organização corresponde ao cérebro da maioria dos mamíferos.

3) Cérebro neocórtex (ou racional): composto pelo córtex telencefálico, que se divide em lobos:

   ▷ Frontal: responsável pelas funções executivas;

   ▷ Parietal: responsável pelas sensações gerais;

   ▷ Temporal: responsável pela audição e pelo olfato;

   ▷ Occipital: responsável pela visão;

   ▷ Insular: responsável pelo paladar e gustação.

---

[3] Motricidade: é o conjunto de funções nervosas e musculares que permite os movimentos voluntários ou automáticos do corpo.

[4] Sistema límbico: e da unidade responsável pelas emoções e comportamentos sociais. É uma região constituída por neurônios, células que formam uma massa cinzenta denominada lobo límbico.

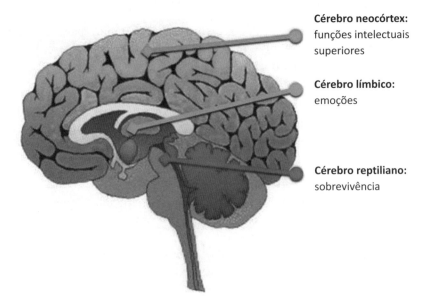

Figura 1.8 Teoria do cérebro trino.
Fonte: adaptada de https://www.psicologia.pt/artigos/textos/AOP0496_a.jpg

Segundo MacLean (1990), o cérebro racional é o grande diferencial entre os homens/primatas dos demais animais, já que a presença do neocórtex faz com que o homem seja capaz de desenvolver o pensamento abstrato e ter a capacidade de gerar invenções.

CAPÍTULO 2
Neurociência do consumo

A experiência constantemente molda o cérebro e,
nesse sentido, o cérebro é moldado pela experiência.

(Oliver Sacks, neurologista, escritor e professor
da Universidade de Columbia, s.d.)

A EVOLUÇÃO DA NEUROCIÊNCIA E O INÍCIO DA APLICAÇÃO NO CONSUMO

Antes de adentrar na aplicação da neurociência para a maior compreensão do consumidor, é importante abordar uma breve cronologia nas teorias do comportamento.

A primeira linha de estudo nesse sentido foi o behaviorismo (ou comportamentalismo), originário da Rússia, com o fisiologista Ivan Petrovich Pavlov (1849-1936). Tal estudo teve continuidade nos Estados Unidos, com John Broadus Watson (1878-1958), considerado o grande idealista da linha behaviorista, cuja premissa principal seria que o objeto de estudo da psicologia deveria ser o comportamento, e não mais a mente. Outra premissa é que "essa ciência formularia generalizações amplas sobre o comportamento humano, com experimentos passíveis de réplica em qualquer laboratório". Entretanto, apesar de Watson ter sido considerado o fundador do *behaviorismo*, o nome mais lembrado é o do psicólogo norte-americano Burrhus Frederic Skinner (1904-1990).

Para Skinner, considerado um dos pais da psicologia comportamental, o estudo do comportamento deve ser realizado por meio da investigação da interação entre o ambiente e o sujeito, pois a conduta dos indivíduos é observável e mensurável. Skinner foi responsável pela teoria de que o ser humano tende a fazer as coisas pelas quais é recompensado, e não pelas quais é punido. Sob essa ótica, sua teoria leva a pensar que não há vontade intrínseca, pois é sempre algo externo que influencia e determina o comportamento.

Em contrapartida ao behaviorismo surge o evolucionismo, instituindo que as motivações de determinadas ações comportamentais estavam nas bases psicológicas dos antepassados, ou seja, o comportamento ancestral estava ligado às emoções mais escondidas, menos notadas e, consequentemente, menos entendidas, que, por sua vez, eram capazes de influenciar de maneira pungente o comportamento dos indivíduos.

O cérebro evoluiu muito mais lentamente do que a cultura, a tecnologia ou a sociedade, portanto, muitos mecanismos que acionam nosso comportamento estão ainda vinculados a um cérebro ancestral. A psicologia evolucionista tem suas bases nas ciências naturais, na teoria evolucionista de Darwin, na genética mendeliana e em outras ciências que lhe fornecem uma rigorosa base científica. Camargo reforça que as pesquisas genéticas têm ajudado muito a elucidar várias questões evolutivas do comportamento humano, assim como as experiências feitas em animais, especialmente chimpanzés e bonobos, pois esses são os mais próximos da nossa espécie.

O cérebro trino de MacLean é grande e irrefutável prova de que existe uma ancestralidade da humanidade com os hominídeos. Por isso, nesse sentido evolutivo, surge a biologia do comportamento do consumidor, que inter-relaciona a arqueologia, a paleontologia, a antropologia, pelas bases da psicologia evolucionista, nos estudos das sociedades mais antigas e as mais recentes, fazendo uma ligação entre as descobertas nessas áreas com o estudo do comportamento de consumo dos outros animais, aproximando-o do comportamento de consumo observado na espécie humana.

Gad Saad (1964-presente), psicólogo evolucionista canadense, tornou-se um grande representante das teorias evolucionistas do consumo, já que possui diversos estudos na área. Para Saad, a comunicação e o marketing devem estar atentos aos aspectos evolutivos. Os slogans bem-sucedidos são bons exemplos disso, uma vez que suas palavras de ordem atingem diretamente as estratégias evolutivas de sobrevivência e reprodução.

A mesma ideia é também defendida pelo psicólogo evolucionista americano Geoffrey Miller (1965-presente) quando afirma que, ao comprar objetos, o ser humano está simplesmente agindo como um primata social que pretende impressionar. Ele argumenta, por exemplo, que, ao comprar um iPhone, o consumidor busca sexo; então, os indivíduos compram principalmente porque querem mostrar aos outros o seu poder.

É importante mencionar que em paralelo às teorias da psicologia evolucionista, o trabalho do médico fisiologista espanhol Santiago Rámon y Cajal (1852-1934) e seus estudos sobre o sistema nervoso capacitaram o entendimento maior do cérebro. Cajal, considerado um importante representante da neurociência moderna, contradisse a teoria do médico histologista italiano Camillo Golgi (1843-1926) ao utilizar a técnica de coloração histológica, provando que o sistema nervoso não era uma estrutura fina do sistema nervoso central, como Golgi havia suposto. Com esse estudo, Cajal conclui que o sistema nervoso é composto por bilhões de neurônios distintos e que essas células se encontram polarizadas. Ambos, Golgi e Cajal, ganharam o prêmio Nobel de 1906 (Figura 2.1).

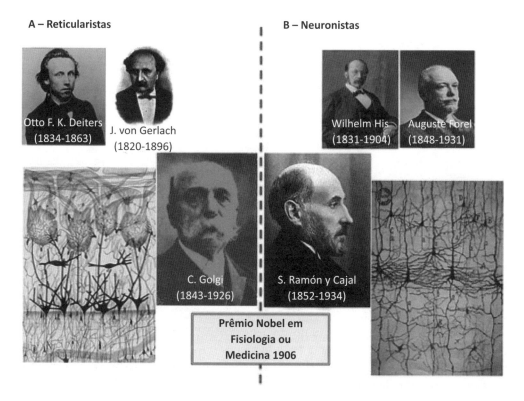

Figura 2.1 Teoria reticularista *versus* teoria neuronista.
Fonte: adaptada de https://www.researchgate.net/publication/333354889/figure/fig1/AS:762134044614659@1558718324618/Reticularists-vs-Neuronists-A-The-reticular-theory-was-originally-raised-by-Otto_Q640.jpg. Acesso em: 14 mar. 2020.

QUANDO, DE FATO, A NEUROCIÊNCIA COMEÇA A SER APLICADA EM UM MAIOR ENTENDIMENTO DO CONSUMIDOR?

Diversos autores citam que o apogeu da interface da neurociência com o comportamento se deu com o surgimento das tecnologias de neuroimagem nos anos 2000, uma vez que por meio delas foi possível investigar os processos cerebrais, não mais apenas por observação do comportamento como faziam os behavioristas, mas por meio de exames não invasivos, investigando as áreas cerebrais ativadas por excitações ou provocações.

A partir desse advento, a neurofisiologia começa a ser explorada para a compreensão do comportamento do ser humano.

Surgem, então, algumas novas áreas que se apoiam na neurociência, como é o caso da neuroantropologia, subárea que procura entender a relação entre o cérebro e as experiências culturais, relacionando a anatomia cerebral à evolução desse órgão em função da adaptação ao ambiente, e da neuropsicologia, subárea que estuda a relação entre os processos e as áreas cerebrais com o comportamento. A psicologia é o exemplo de uma área que conseguiu relacionar como diferentes lesões causam déficits em diversas áreas de cognição, como a agressividade e a sexualidade.

Pankseep (1942-2017), neurocientista e psicobiólogo, cunhou o termo neurociência afetiva, que mapeia os circuitos neurais dos *oito sistemas emocionais básicos*:

1) *Seeking* (busca).

2) *Fear* (medo).

3) *Rage* (raiva).

4) *Lust* (desejo).

5) *Care* (cuidado).

6) *Panic* (medo).

7) *Play* (brincar).

8) *Self* (individualidade).

Segundo o neurocientista indiano Pradeep (2012),[1] 95% das decisões são realizadas de maneira inconsciente, o que ressalta a importância de as marcas compreenderem o comportamento involuntário do consumidor. Conforme o autor, o Dr. Eric Kandel, neurocientista ganhador do Nobel de 2000 por suas pesquisas no campo da memória e da neurociência, compreender a mente humana em termos biológicos é o desafio central do século XXI.

Garcillán (2008) argumenta que antes mesmo de o neurodesign existir, o modelo de Freud já abordava que os compradores não são influenciados apenas por variáveis econômicas, mas também por aspectos simbólicos do produto. De modo que essa teoria explica a influência no comportamento do consumidor, do design e dos símbolos associados a ele.

---

[1] Dr. Pradeep fundou em 2005 a Neurofocus, consultoria pioneira de neuromarketing. Em 2008, a empresa global de pesquisas e dados Nielsen entra como importante investidora estratégica, e em 2011 se torna proprietária. Com a compra, a Neurofocus se torna Neurofocus – Nielsen Consumer Neuroscience, sendo o premiado neurocientista Eric Kandel um dos seus conselheiros atuais.

Segundo Bridger (2018), a criação de efeitos emocionais é decisiva para produzir designs influentes. Vieses configurados no cérebro, que são capturados pelo neurodesign, podem ser rastreados para elaborar designs emocionais mais significativos. O autor exemplificou como o psicólogo ucraniano Louis Cheskin (1959) aperfeiçoou as pesquisas de mercado por meio do uso da reação e da análise das emoções, preferindo confiar em estudos e experimentos que se baseavam na transferência de sensações. Esse psicólogo acreditava que as pessoas não podiam deixar de transferir seus sentimentos sobre o design do produto ou da embalagem para o produto em si. Dessa maneira, as impressões iniciadas, lançadas por um bom design, levam as pessoas a sentirem que o produto ou serviço é positivo sob todos os aspectos. Assim, os sentidos são norteadores para o desenvolvimento de um novo objeto de design ou mesmo de uma peça de roupa, pois, de acordo com Bridger (2018, p. 131): "Cada sentido é potencialmente uma via para oferecer experiências prazerosas e emocionalmente engajadoras".

O mesmo entendimento sobre o design evocar emoções pode ser visto por Winkielman, Zajonc e Schwarz (1997) quando defendem que os estímulos emocionais podem enviesar as decisões inconscientemente e que isso ocorre por meio da *heurística* – atalhos mentais utilizados no processo de decisão de algo. Exemplos que ilustram a heurística são o uso de faces sorridentes, que induzem as pessoas a se sentirem melhores, ou mesmo provocar a interação das pessoas, que irá refletir em maior engajamento emocional. Outros exemplos dos atalhos mentais são o uso de imagens que estimulem o contato, tocando a mão ou a face, trazendo um apelo emocionalmente evocativo, ou, ainda, o uso do *appetite appeal*, com ilustrações dos pratos de comida que despertem o desejo por saborear o produto.

Garcillán (2008) explica como a percepção e os sentidos podem ser um dos principais fatores de influência na decisão de compra e no comportamento do consumidor. Segundo a autora, a percepção é considerada a imagem mental que se forma com a ajuda da experiência e das necessidades, a qual se torna o processo de seleção, interpretação e conexão das sensações.

Bridger (2018) afirma que a inclusão do neurodesign é capaz de aumentar o engajamento emocional, a captação da atenção e a memorabilidade de produtos e serviços, todos esses, em parte, pilares básicos do branding.

A APLICAÇÃO DA NEUROFISIOLOGIA PARA O ENTENDIMENTO DO COMPORTAMENTO DO CONSUMIDOR

O design vem se tornando uma importante ferramenta de experiências e, para isso, tem se aliado à neurociência por meio da neurofisiologia, essencial na criação e reformulação de produtos, uma vez que auxilia na compreensão do que mais deseja o usuário, que o agrada ou não.

Compreender os desejos do consumidor e a lógica irracional e inconsciente do consumo é cada vez mais um diferencial na competição acirrada das marcas. Conforme Bridger (2018) realça, o neurodesign cria condições para que os designers prevejam que tipos de designs serão mais eficazes, mesmo antes de se darem o trabalho de executá-los. A necessidade de superar a concorrência fez com que a neurociência fosse aplicada nas mais diversas áreas, por exemplo: no marketing (neuromarketing); na publicidade (neuropublicidade); na psicologia (neuropiscologia) – áreas muito conectadas, de certa forma, ao comportamento de consumo. Assim, também se observa a aplicação da neurociência cognitiva voltada para a arte (neuroestética), que visa a compreender como o cérebro reage às obras de arte.

A neurociência é capaz de extrair a expressão inconsciente, na qual se concentram de fato as preferências, motivos e razões pelas quais se prefere um objeto e detesta-se outro. Como cita Bridger (2018), os designers, estilistas e artistas sempre utilizaram um pouco da intuição para criar. O *feeling*, que constitui também uma parte inconsciente movida pelo lado irracional do ser humano, contribui com a neurociência e é capaz de revelar o que o consumidor não consegue ou não se sente confortável em expressar. Por isso, as pesquisas tradicionais, por exemplo, com uso do grupo focal, estão sendo colocadas em segundo plano e continuam sendo um importante gerador de *insights*; entretanto, mensurar e qualificar com exatidão tem ficado por conta da aplicação da neurociência. O autor, ainda, afirma que:

> O fato de nossa mente inconsciente estar processando o que vemos e moldando muitas de nossas reações sem nosso conhecimento consciente significa que simplesmente perguntar a alguém o que acha de alguma coisa já não é suficiente. Quase sempre, as pessoas não têm conhecimento consciente dos processos mentais que as levaram a preferir um design a outro. Entretanto, em vez de dizerem que não sabem, as pessoas tendem a confabular, ou seja, a imaginar explicações aparentemente plausíveis para suas escolhas. [...] Um exemplo disso é um efeito que os psicólogos conhecem há muito tempo, denominado de cegueira da escolha (*choice blindness*) (Bridger, 2018, p. 29).

O mesmo entendimento de que a neurociência é capaz de auxiliar no desenvolvimento de design também é visto por Kirkland (2012), pois ressalta que o entendimento dos modelos neurais e cognitivos dos usuários permitem que os designers e estilistas desenvolvam soluções intuitivas e de suporte, enquanto alcançam a satisfação do consumidor. O uso da neurociência, segundo o autor, capacita e auxilia os designers a evoluírem, assim, no desenvolvimento de maior interação com o usuário.

O USO DOS TESTES COM INTERFACE ENTRE A NEUROCIÊNCIA E A CIÊNCIA DO COMPORTAMENTO

Pradeep (2012) aponta que o cientista Dr. Hans Berger foi o primeiro a obter os primeiros registros eletroencefalográficos na década de 1920, já que foi ele o responsável por criar e desenvolver os eletrodos, sensores capazes de captar sinais elétricos que emanam naturalmente do cérebro. Graças à sua descoberta, hoje é possível captar ondas cerebrais de maneira precisa e confiável.

Berger compreendeu desde o início que os eletrodos são capazes de registrar a atividade elétrica de todo o cérebro, e não somente de parte dele. No entanto, os sensores de Berger, conforme Pradeep (2012), foram um exemplo de ideia avançada demais para a época, já que em um eletroencefalograma (EEG) eram capazes de captar somente uma pequena parte dos microvolts de eletricidade produzidos pela atividade cerebral. Na era digital, os eletrodos foram associados aos computadores rápidos e com grande capacidade de memória, fazendo com que finalmente os cientistas pudessem explorar e, mais importante, compreender os mecanismos internos do cérebro.

É importante mencionar que a própria analogia de que o cérebro humano corresponde ao *hardware* computacional surgiu e ganhou mais expressão entre os anos de 1950 e final de 1960. Gardner (1995) lista alguns exemplos, como a publicação de *Study of thinking*,[2] dos psicólogos Bruner e Austin; *The computer and the brain*,[3] do cientista de computação John Von Neumann; *The magical number seven*,[4] do psicólogo cognitivo George Miller, além de *Three models for the description of language,* do linguista, sociólogo e cientista cognitivo Noam Chomsky. Como salienta o próprio autor, importantes pesquisas emanaram de todos os camps. Assim, no início dos anos 1960, os neurocientistas estavam começando a registrar impulsos de neurônios individuais do sistema nervoso, o que resultou num olhar mais voltado para a cognição.

TIPOS DE TESTES NEUROFISIOLÓGICOS

LeDoux (2000) afirma que a introdução de técnicas de investigação via imagens cerebrais nas áreas sociais permitiu uma abertura para a aplicação das técnicas da neurociência ao marketing e às outras áreas.

Há diversos tipos de testes neurofisiológicos sendo utilizados para compreender a receptividade das propagandas, a preferência dos consumidores. Além da pesquisa pioneira do Dr. Zaltman, várias pesquisas já foram realizadas, entretanto pouco divulgadas. Isso se deve ao receio de exposição negativa das marcas e também pela

---

[2]   Relato pioneiro de como os seres humanos conseguem uma medida de racionalidade apesar das restrições impostas por preconceitos, atenção e memória limitadas e dos riscos de erro impostos por pressões de tempo e ignorância. Publicado pela primeira vez em 1956 e saudado pelo seu aparecimento como um estudo inovador, ainda é lido três décadas depois como uma contribuição importante para a nossa compreensão da mente. Na sua perspicaz nova introdução, os autores relacionam o livro com a revolução cognitiva e a sua obra-prima, a inteligência artificial.

[3]   Livro que compilou um conjunto de palestras encomendadas que Von Neumann desenvolveu, entre elas, a discussão de vários tipos de computadores, a ideia de programação dos computadores e a possibilidade das máquinas se autorreplicarem.

[4]   Teoria pioneira de que existem alguns limites à nossa capacidade de processar informações; foi publicada em 1956 na revista *Psychological Review* pelo psicólogo cognitivo George A. Miller, responsável pelo Departamento de Psicologia de Harvard.

questão de eticidade. As reações negativas por parte do consumidor podem ser um fator prejudicial às empresas. Este é um dos pontos deste livro: o quanto os consumidores percebem como positiva a inserção do entendimento do seu inconsciente como metodologia para criação de novos produtos.

Apesar de o professor Ale Smidts, da Eramus University, na Inglaterra, ter sido criador da terminologia "neuromarketing", o Dr. Zaltman é considerado seu grande divulgador, pois foi um dos pioneiros em utilizar equipamentos de ressonância magnética com fins mercadológicos. Assim, mapeando a atividade do cérebro humano quando exposto a estímulos de marketing, o Dr. Zaltman foi capaz de estimar a real influência neurológica que determinadas ações têm no comportamento do consumidor.

Foi também em 2004 que pesquisadores do Baylor College of Medicine, nos Estados Unidos, monitoraram imagens do cérebro de 67 pessoas que experimentaram amostras não identificadas de Coca-Cola e Pepsi.[5] Como resultado, cada refrigerante ativou a região do cérebro associada à sensação de recompensa. Um fato curioso é que quando as pessoas pesquisadas tinham ciência da marca que estavam bebendo, a atividade de outra área, ligada à fidelidade, sobrepujou as preferências demonstradas no primeiro teste. Essa pesquisa foi pioneira na maneira de investigar como as mensagens culturais penetram no cérebro e moldam preferências, ficando claro que muitas preferências dos consumidores estão de fato no inconsciente.

Outro exemplo ilustrado pelo autor foi a pesquisa realizada pela Bright House da University Emory, em Atlanta, nos Estados Unidos, para a marca de carros Daimler Chrysler, que investigou pessoas na faixa etária dos 30 anos com 66 imagens de carros que foram divididos em três categorias: sedãs, esportivos e veículos pequenos. A pesquisa revelou que os carros esportivos excitam mais as áreas do cérebro ligadas ao poder. A empresa, desde então, vem patrocinando mais projetos nessa área das neurociências na Universidade de Ulm, na Alemanha.

É importante ressaltar que os testes neurofisiológicos não são todos acessíveis, já que necessitam de diversos aparelhos, como a tomografia e a ressonância magnética, com emissão de pósitrons. Não somente são caros, como também exigem especialistas para os manusear e compreender o diagnóstico, ou seja, necessitam de neurocientistas, médicos ou especialistas para que a leitura dos aparelhos seja precisa, assim como as associações sejam realizadas com êxito. Bridger (2018, p. 69) chama a atenção para o fato de que "evidentemente, em grande parte dos designs, nem sempre se dispõe de tempo ou dinheiro para executar os testes. Há, porém, certas maneiras baratas e rápidas de testar". Assim, testes mais simples e acessíveis, como o rastreamento ocular e o *Implicit Association Test* (IAT),[6] vêm sendo mais explorados e utilizados. Esses testes serão abordados a seguir.

---

[5] Artigo "Neural correlates of behavioral preference for culturally familiar drinks" da revista *Neuron*. Disponível em: https://www.sciencedirect.com/science/article/pii/S0896627304006129.

[6] Tradução nossa: teste de associação implícita e computância da pele.

Segundo Ariely e Berns (2010), a neurociência cognitiva aplicada é validada pela plenitude de ferramentas utilizadas, como: ressonância magnética, eletroencefalograma (EEG), eletrocardiograma (ECG), ressonância magnética funcional (fMRI), eletromiografia (EMG), *eye tracking*, tomografia computadorizada (PET), potencial evocado auditivo de longa latência (P300), eletromiografia facial (fEMG), variação da frequência cardíaca (HRV), resposta galvânica da pele (GSR), temperatura, entre outros dados neurofisiológicos.

PRINCIPAIS EQUIPAMENTOS DE MEDIÇÃO DE ESTÍMULO

Detalham-se, a seguir, os principais testes e equipamentos utilizados na neurofisiologia.

Eletroencefalograma (EEG)

O eletroencefalograma (EEG) é um exame que tem como objetivo avaliar a atividade elétrica do cérebro, de forma não invasiva, por meio de eletrodos colocados no couro cabeludo, associados a uma pasta que conduz eletricidade. O tipo mais moderno do exame consiste no eletroencefalograma com mapeamento cerebral (Figura 2.2).

Para Ariely e Berns (2010), a eletroencefalografia mede as mudanças no campo elétrico na região do cérebro, isso porque a região apresenta elevados níveis de resolução temporal (milissegundos), permitindo o registro de eventos neuronais breves. O EEG tem baixa resolução espacial (~1 cm) e depende do número de eletrodos utilizados (2, 4, 5, 8, 16, 32, 128, 256 canais). Os autores ressaltam que o EEG tem ainda fraca sensibilidade para as estruturas cerebrais profundas.

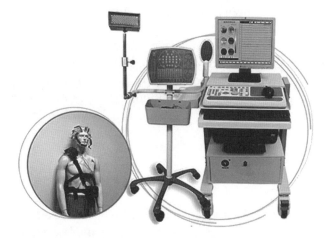

Figura 2.2 Aparelho para realização de EEG.
Fonte: imagem extraída de https://pgpneuromarketing.files.wordpress.com/2015/11/eeg-erp-psg.png. Acesso em: 28 jul. 2020.

Zurawicki (2010) complementa que o EEG captura variações nas ondas cerebrais, cujas amplitudes correspondem a determinados estados mentais, como: estados de vigília (ondas beta), estados de relaxamento (ondas alfa), estado de calma (ondas teta) e estados de sono (ondas delta) (Figura 2.3).

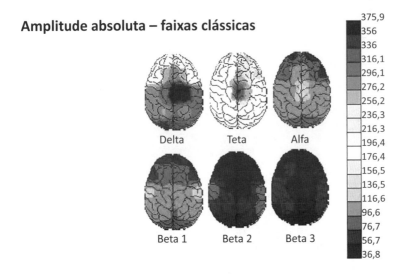

Figura 2.3 Classificação das ondas cerebrais.
Fonte: adaptada de https://pgpneuromarketing.wordpress.com/sabia-que/ferramentas-de-neuromarketing. Acesso em: 28 jul. 2020.

Existem estudos publicados que utilizaram o EEG também para a análise dos efeitos da comunicação e do comportamento do consumidor. Chama a atenção o fato de que o uso do EEG não é recente. Exemplo disso é o artigo *"Brain wave analysis"* de Weinstein, Weinstein e Drozdenko, publicado em 1984, que utilizou a eletroencefalografia para medir e avaliar os efeitos da comunicação no cérebro. Com os testes neurofisiológicos mais difundidos para além do uso médico, os exames têm sido explorados também para análise do consumidor, percepção das marcas e anúncios, conforme os artigos de Krugman (1971), Cartocci et al. (2017) e Garczarek-Bak e Disterheft (2018).

Eletrocardiograma

O eletrocardiograma (ECG) é feito com um aparelho ligado a eletrodos que avaliam o ritmo dos batimentos cardíacos em repouso. O objetivo desse exame na medicina é verificar se há alguma falha na condução elétrica pelo coração, ou seja, se existem bloqueios ou partes do músculo que não estão se movendo como deveriam, o que pode sinalizar problemas cardíacos.

Para os testes de neurociência do consumo, os resultados das alterações são comparados em relação à marca, ao produto e às campanhas publicitárias. Há artigos publicados, como o "Efeito das marcas de *fast-food* nas preferências de consumo das crianças", de Robinson et al. (2007), que demonstram como não é totalmente novo o uso do ECG para avaliação e percepção de marca.

Ressonância magnética funcional (fMRI)

De acordo com Ariely e Berns (2010), a fMRI utiliza um *scanner* de ressonância magnética para medir o nível de *blood oxygen level-dependent* (Bold).[7] A resolução espacial é de 1-10 mm e a resolução temporal é de 1-10 s. Essa técnica surge como um método não invasivo, pois não utiliza radiação ionizante ou contraste exógeno, tendo uma vantagem substancial na resolução de pequenas estruturas que se encontram no cérebro (Figuras 2.4 e 2.5).

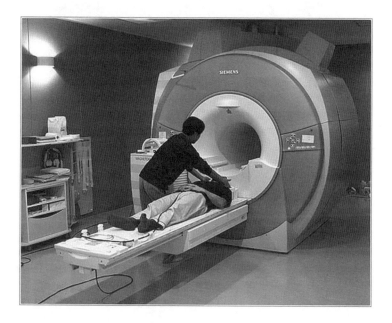

Figura 2.4 Aparelho de ressonância magnética.
Fonte: imagem extraída de https://pgpneuromarketing.files.wordpress.com/2015/11/fmri.jpg. Acesso em: 27 jul. 2020.

Reimann et al. (2011) descrevem em seu artigo as descobertas de pesquisas anteriores de fMRI relacionadas ao comportamento do consumidor e destacam os motivos pelos quais a ressonância se tornou um método atraente para pesquisas de consumo e de marketing. Segundo os autores, a ressonância magnética tem quatro vantagens mercadológicas distintas:

---

[7] Tradução nossa: nível de dependência da oxigenação do sangue.

1) Permite interpretar processos psicológicos no cérebro à medida que ocorrem.
2) Permite medir condições e processos inconscientes.
3) Permite localizar e diferenciar construtos que subjetivamente podem parecer similares, mas na verdade são processados de maneira diferente.
4) Viabiliza a medição simultânea de duas condições.

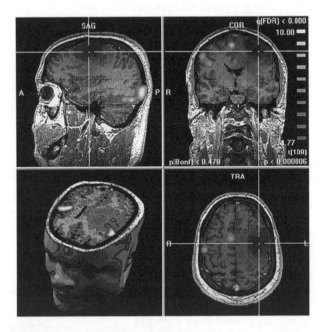

Figura 2.5 Resultado de ressonância magnética.
Fonte: imagem extraída de https://pgpneuromarketing.files.wordpress.com/2015/11/fmri.jpg. Acesso em: 27 jul. 2020.

Os autores ressaltam que essas quatro vantagens permitem aos métodos de neuroimagem uma conceituação e uma compreensão mais fundamentais das subjacentes condições e processos, bem como um refinamento dos conceitos existentes de vários fenômenos. Eles citam, por exemplo, imagens do cérebro tiradas de um consumidor que toma uma decisão de compra: não só revelam as áreas motoras que estão ativas quando o consumidor pressiona um botão para escolher o produto apresentado, mas também demonstram outras áreas relevantes, como o córtex occipital, que é responsável pela visão, ou áreas do centro de recompensa do cérebro. Por isso, a ressonância pode oferecer uma investigação mais profunda sobre os processos cognitivos e emocionais e fornecer uma avaliação mais ampla, conduzindo a uma conceptualização mais profunda do fenômeno de interesse.

Wagner et al. (2003) descrevem a imagiologia cerebral como um método que pode analisar mais diretamente as emoções. LeDoux (2000) e Phelps et al. (2001)

Neurociência do consumo

complementam que a fMRI provou ser capaz de detectar as emoções humanas negativas no cérebro, como o medo, verificado na amígdala.

No neurodesign, a utilização da fMRI pode ser útil no ciclo de desenvolvimento de produtos em dois momentos: no primeiro, como parte do processo de concepção em si, podendo utilizar as respostas neurais para refinar o produto antes que ele seja desenvolvido; no segundo, depois que o produto é totalmente desenvolvido, de modo a medir as respostas neurais como parte de uma campanha publicitária, ou mesmo para avaliar a receptividade do design.

Reimann et al. (2011) ponderam que a fMRI não deve ser considerada uma metodologia autônoma; pelo contrário, a investigação deve ligar os dados fMRI às medidas recolhidas por meio de outras medidas alternativas, vindas de outros métodos, como autorrelatórios e dados comportamentais.

EMG (eletromiografia) x fEMG (eletromiografia facial)

Segundo Ohme, Matukin e Pacula-Lesniak (2011), a eletromiografia facial mede e avalia as propriedades fisiológicas dos músculos presentes na face, testando os movimentos dos músculos faciais, voluntários e involuntários, que refletem expressão de emoções, conscientes e inconscientes.

Conforme Cacioppo et al. (2006), cada emoção é caracterizada por uma configuração específica de movimentos musculares. A eletromiografia facial recorre a eletrodos que registram a atividade elétrica dos tecidos musculares, os quais apresentam um papel importante na expressão de emoções elementares, como o corrugador de supercílio, o zigomático maior e o orbicular do olho.

Lewinski, Fransen e Tan (2014) investigaram a eficácia da publicidade por meio da eletromiografia facial. Os experimentos foram realizados com uso de estímulos persuasivos, com uso de expressões faciais de felicidade, produzidos por anúncios publicitários, utilizando o sistema FaceReader[8] para análise automática das expressões faciais de emoções básicas. Os resultados foram publicados em seu artigo e os autores destacaram que, confirmando sua hipótese inicial, as emoções básicas, como tristeza, raiva, surpresa, medo e repulsa, não são tão eficazes quanto a felicidade nos anúncios. Outra contribuição importante da pesquisa foi destacar a eficácia da eletromiografia facial na pesquisa do consumidor.

---

[8] FaceReader é considerado o sistema automatizado mais robusto para o reconhecimento de uma série de propriedades específicas em imagens faciais, incluindo os seis sistemas básicos ou universais.

Eyetracking – rastreamento ocular

O *eyetracking* (rastreamento ocular) é uma ferramenta para a análise do comportamento e da cognição. Zurawicki (2010) descreve o rastreamento ocular como uma tecnologia específica para proceder à monitoração total do sistema visual, medindo, em tempo real, a posição do olhar, o movimento e o trajeto. O aparelho é utilizado em estudos e experiências de usabilidade, análise do sistema visual, do comportamento humano e das respostas em tempo real dos consumidores (pontos de venda, por exemplo), assim como em análise de desempenho de atletas, psicologia comportamental e cognitiva (Figura 2.6).

Milosavljevic et al. (2010) observam que o teste produz dois tipos de mapas: *heatmaps* – frequência com que um determinado consumidor olhou para uma determinada parte do objeto; e *gaze plots* – o trajeto, a sequência e a duração do movimento ocular.

Figura 2.6 Uso de rastreamento ocular para avaliação de embalagem.
Fonte: imagem extraída de https://pgpneuromarketing.files.wordpress.com/2015/11/tobii_image_glasses_girl_shopping_04.jpg. Acesso em: 28 jul. 2020.

Há uma crescente publicação de artigos (Orquin e Loose, 2013; Dulabh et al., 2018) que utilizam o rastreamento ocular como um equipamento importante de validação de teorias em comportamento do consumidor. Um exemplo é a pesquisa realizada por Piqueras-Fiszman et al. (2013), que combinou o rastreamento ocular com a associação de palavras para avaliar novas soluções de embalagem. Para o estudo, esses autores utilizaram as técnicas de rastreamento ocular e associação de palavras para coletar informações atencionais e associações livremente eliciadas de consumidores em resposta a alterações de atributos específicos da embalagem do produto – no caso, potes de geleia. Foram avaliados também quais atributos da embalagem afetaram a vontade autorrelatada dos consumidores que participaram do estudo. Os resultados demonstraram que certos elementos da embalagem do produto podem ser usados no direcionamento da atenção visual para um elemento ou outro – por exemplo, a superfície enrugada de certos jarros contribuiu para espalhar o olhar. Entretanto, uma parte importante das associações que esses formatos eliciaram estava relacionada às estrias da embalagem, sugerindo que esses estímulos "secundários" também chamam a atenção. Segundo os autores, o rótulo de sabor junto à fotografia e logotipo foram os elementos que eliciaram o maior número de associações sensoriais e hedônicas.

Deliza et al. (2016), pesquisadores brasileiros, investigaram a atenção de 60 consumidores para os rótulos dos alimentos funcionais por meio de investigação do movimento dos olhos, utilizando o leite com probióticos como estudo de caso. De acordo com os resultados de Piqueras-Fiszman, os autores concluíram que as áreas de maior captura da atenção são a marca, as informações nutricionais, a denominação de venda e a recomendação sobre o consumo de produtos para segmentos específicos de consumidores. As alegações de saúde não são completamente processadas, provavelmente por causa da alta densidade de informação dessa área. Por isso, os autores concluíram que a combinação das metodologias de rastreamento ocular e de associação de palavras permite melhor compreensão das associações feitas pelos consumidores com o produto (Figura 2.7).

Figura 2.7 Uso de *eyetracker* para avaliação de campanha publicitária.
Fonte: imagem extraída de https://pgpneuromarketing.files.wordpress.com/2015/11/15.png. Acesso em: 28 jul. 2020.

Tomografia por emissão de pósitrons (PET)

PET é uma técnica de imagem médica que utiliza moléculas que incluem um componente radioativo, o radionuclídeo. A tomografia é utilizada como uma forma de mensurar a atividade neural, pois quanto mais atividade neural se verificar em uma região do cérebro, maior será o fluxo de sangue nesta região específica (Figuras 2.8 a 2.10). Esse mesmo fluxo identificado relaciona-se com o estímulo ao qual o participante foi submetido.

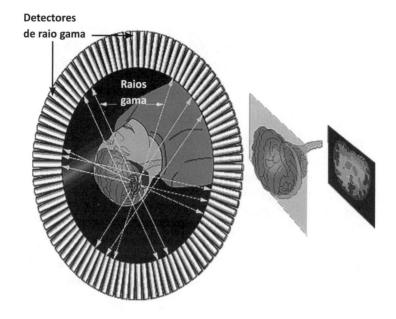

Figura 2.8 O funcionamento da tomografia.
Fonte: imagem extraída de https://pgpneuromarketing.files.wordpress.com/2015/11/nuclear-medicine-brain.gif. Acesso em: 28 jul. 2020.

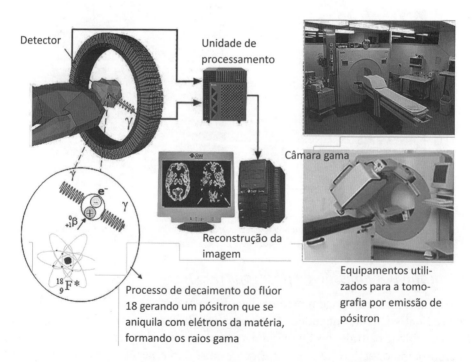

Figura 2.9 O passo a passo da realização da tomografia.
Fonte: adaptada de https://pgpneuromarketing.files.wordpress.com/2015/11/724te_24.png. Acesso em: 28 jul. 2020.

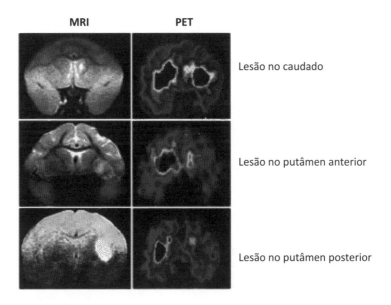

Figura 2.10 Resultados da tomografia.
Fonte: adaptada de de https://pgpneuromarketing.files.wordpress.com/2015/11/mripet.gif. Acesso em: 28 jul. 2020.

Vale citar que o putâmen é o maior componente dos núcleos da base. Seu principal papel é a regulação dos movimentos amplos (grosseiros), além de influenciar a aprendizagem.

Magnetoencefalografia (MEG)

Segundo Trindade (2002), a MEG mede as mudanças nos campos magnéticos induzidos pela atividade neuronal e a evolução dos processos eletrofisiológicos na escala do milissegundo. O exame permite também localizar regiões funcionais do córtex cerebral com uma resolução espacial superior à da EEG, capaz de avaliar a integridade das vias de transmissão dos sinais (Figuras 2.11 e 2.12).

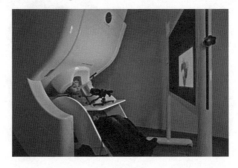

Figura 2.11 Exame de magnetoencefalografia.
Fonte: imagem extraída de https://pgpneuromarketing.files.wordpress.com/2015/11/700_dettaglio2_autismo.jpg. Acesso em: 31 jul. 2020.

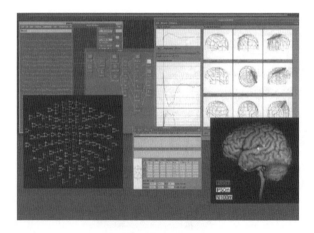

Figura 2.12 Resultado do exame de magnetoencefalograma.
Fonte: imagem extraída de https://pgpneuromarketing.files.wordpress.com/2015/11/700_dettaglio2_autismo.jpg. Acesso em: 31 jul. 2020.

Estimulação magnética transcraniana (TMS)

Segundo Barker, Jalinous e Freeston (1985), a TMS usa um núcleo de ferro, de modo a criar um campo magnético para induzir correntes elétricas nos neurônios subjacentes quando colocados no head82 (Figura 2.13). A TMS pode ser usada como um único impulso, pulso emparelhado ou estimulação repetitiva, e os efeitos neuronais vão desde a facilitação até a inibição da transmissão sináptica. Como ferramenta de investigação, a TMS pode ser utilizada para analisar as funções de regiões específicas do cérebro em tarefas específicas, levando-as a ficarem temporariamente *off-line*.

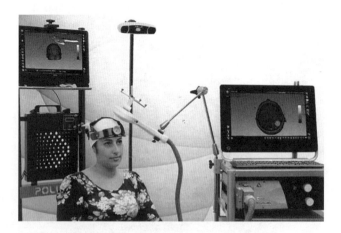

Figura 2.13 Exame de TMS.
Fonte: imagem extraída de https://pgpneuromarketing.files.wordpress.com/2015/11/estimulacao-magnetica_16072014152744.jpg. Acesso em: 31 jul. 2020.

Frequência cardíaca

A frequência cardíaca é também um teste importante para entendimento da recepção da mensagem de marca, produto ou campanha, já que, em situações de excitação emocional, estresse ou tensão, o ritmo cardíaco oscila. A sua monitorização permite confirmar e reforçar outros dados de valência emocional extraídos por outros métodos. Por ser um teste mais acessível e, de certa forma, mais flexível, já que é possível fazê-lo sem ajuda de especialistas, tem sido utilizado para medir a aceitabilidade e resposta corporal em relação às marcas e aos produtos.

Resposta galvânica da pele

Ohme, Matukin e Pacula-Lesniak (2011) descrevem que a resposta galvânica da pele trata da monitoração do nível de sua condutividade, que pode ser aplicada nas diversas zonas do corpo, como mãos, pontas dos dedos ou pulsos. Por meio do aumento das atividades das glândulas, que são ativadas pelo sistema nervoso simpático, e da produção de suor é possível associar as respostas às preferências do consumidor. Nessa fase de análise do *neurodesign*, a resposta da pele é combinada às imagens expostas ao consumidor ou mesmo à resposta sensorial de um produto em teste.

Banks (2012) sustenta que o sistema nervoso está diretamente ligado às reações registradas nas mãos dos indivíduos, sendo esse método capaz de identificar as respostas neurais precedidas das emoções, como tristeza, felicidade, medo, raiva, repulsa e indiferença.

CAPÍTULO 3
Neuroestética: arte e ciência

ESTÉTICA E NEUROCIÊNCIA

Duffles (2006) atesta que o conceito de estética possui um amplo espectro de definições, mas pode ser considerado, sinteticamente, como o estudo da natureza do belo e dos fundamentos da arte. Assim, a estética é responsável por estudar o julgamento e a percepção do que é considerado belo, assim como a produção de emoções pelos diferentes fenômenos estéticos.

Segundo Darren Bridge (2018),[1] a neuroestética é a aplicação de *insights* da neurociência à estética, baseada a partir da compreensão do cérebro e da psicologia para explicar por que pessoas admiram ou têm preferência por certa imagem ou obra de arte. Para complementar o conceito, Changeux (2013) define as neurociências voltadas à arte como "uma área que visa levantar questões acerca das bases neurais da contemplação da obra de arte e de sua criação" (Changeux, 2013, p. 97).

É importante ressaltar que apesar de certa semelhança semântica, a neuroestética e a neurociência cognitiva da arte têm conceitos diferentes, sobre os quais Freitas[1] (2017) argumenta que a neurociência cognitiva da arte é inserida no domínio cognitivo,

---

[1] Darren Bridger tem diversas passagens pelas principais consultorias de neurociência: a Nielsen, NeuroCo, NeuroStrata e, atualmente, lidera o time da CloudArmy, consultoria de neurociência do consumo que tem participação da NeuroStrata.

enquanto a neuroestética prioriza o estético, muito baseada em preceitos kantianos.[2] O autor complementa que "ainda que seus produtos habitualmente distanciem-se qualitativamente, em aspectos semânticos e simbólicos, ambas as áreas comportam elementos estéticos e cognitivos, em diferentes medidas" (Freitas, 2017, p. 2). Entretanto, não é difícil traçar paralelismos entre seus processos, especialmente àqueles ligados à criação.

Freitas (2017) contextualiza que o surgimento da neuroestética, na virada dos séculos XX e XXI, talvez se constitua como um indício de transformações significativas no que diz respeito às epistemologias dos territórios das chamadas ciências duras. Exemplo disso é a neurofenomenologia forjada por Francisco Varela, segundo a qual "invariantes padrões e estruturas da 'consciência da primeira pessoa' podem encontrar explicações na fisiologia e no funcionamento do cérebro" (Silva, 2011 *apud* Freitas, 2017), e a neurofilosofia, apresentada por Paul e Patricia Churchland, surgida na primeira década do século XXI, cujas descobertas científicas corroboram com teorias filosóficas.

Freitas (2017) também aponta o neurobiólogo Semi Sekir como o principal representante da neuroestética. Vale citar que o próprio termo neuroestética foi criado originalmente em 1998, com a publicação de seu artigo "Art and the brain" (Zeki, 1999). Entretanto, já existiam estudos sobre o tema, mas sem utilizar esta mesma etimologia.

ANTECESSORES DA NEUROESTÉTICA

Conforme Lessa, Jesus e Correa (2014), na virada do século XX para XXI surgia um movimento de integração da arte e ciência e, como exemplo, descrevem a existência de vários pesquisadores-artistas que buscavam compreender a relação entre a mente, o cérebro e as diversas modalidades da arte. Bridger (2018) reforça que mesmo antes da aplicação da neuroestética existir, a psicologia já buscava compreender o que as pessoas consideravam como belo e atraente. O autor exemplifica por meio dos estudos do psicólogo experimental alemão, Gustav Fechner, que no século XIX utilizava a pesquisa psicológica científica para relacionar a forma, o tamanho e as cores *versus* a preferência dos observadores, intuindo que embora arte e ciência parecessem ser opostas, ambos os campos se complementam e imbricam no cérebro.

De acordo com o neurobiólogo francês Jean Pierre Changeux (2013), foi o neuropsicólogo russo Alexander Luria (1902-1977) quem relacionou a interação entre mente e cérebro à teoria fílmica à psicologia e à filosofia (Luria, 1981). Já nesta época Luria trazia alguns questionamentos do funcionamento da mente e sua relação com a estética.

---

[2] Segundo Santos (2010, p. 3), Kant realizou uma abordagem fenomenológica, dada sob a forma de uma análise da experiência estética – do juízo estético ou juízo de gosto – no intuito de captar, interpretar e compreender o que nela está envolvido. Esse tipo de abordagem é o que Kant designa por "crítica" e, por isso, a meditação kantiana sobre os problemas estéticos dá-se como uma "crítica do juízo estético" ou "crítica do gosto". A estética de Kant é uma dimensão mental e subjetiva, na qual a reflexão sobre estética volta-se para as condições de receptibilidade ao prazer do sujeito, também conhecida como estado mental ou o conhecimento em geral.

Outro exemplo de antecessor da neuroestética, segundo Asthon (2011), foi o influente crítico literário e retórico inglês Ivor Amstrong Richards que, em seu ensaio *Science and poetry*, de 1926, descreveu as emoções como instrumento para interpretar os textos. Na visão de Richards, a psicologia dos instintos é capaz de encontrar fortes analogias com a biologia evolutiva e, portanto, com as reflexões que dariam origem às neurociências aplicadas às artes.

NEUROESTÉTICA DE SEMIR ZEKI: O CÉREBRO VISUAL

Semir Zeki, neurobiólogo nascido em Beirute, no Líbano, afirma que as artes visuais e a música clássica oferecem chaves para a compreensão do cérebro. Segundo Zeki, o homem é um animal basicamente visual. A melhor maneira de decifrar o funcionamento do cérebro humano seria, portanto, por meio do estudo dos segredos da visão, nos quais o cérebro constrói sua realidade própria, com base nas informações do mundo externo, mas independente dele. Tudo está dentro do cérebro, conforme a visão de Zeki.

Apesar do funcionamento do cérebro e da mente já terem sido relacionados às outras áreas anteriormente, Zeki foi o primeiro a relacionar elementos importantes da arte e do cérebro, e estabelecer algumas relações entre as soluções visuais artísticas e suas relações específicas com campos receptivos das células do córtex visual (Figura 3.1). Freitas (2017) complementa que Zeki dedica-se a investigar o funcionamento da visão e sua relação com a prática e a contemplação artística.

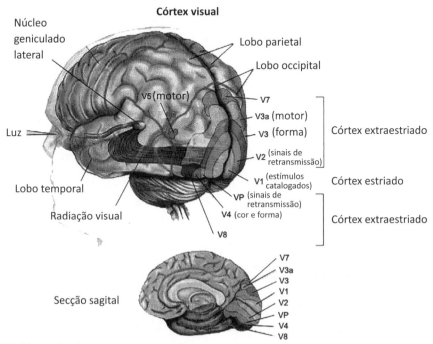

Figura 3.1 Córtex visual.
Fonte: adaptada de Nó, 1949, p. 274-301.

Zeki (2001) chama de "cérebro visual" a área específica do córtex frontal na qual a experiência estética emerge prioritariamente e rege duas leis dominantes: a constância, caracterizada pela habilidade do cérebro em reter propriedades constantes e essenciais de um objeto, e abstração, que libera o cérebro das contingências da memória. O autor chama a atenção e ressalta que conhecer mais sobre a atividade cerebral e do "cérebro visual" seria um importante passo para o desenvolvimento dos esboços de uma teoria estética biologicamente baseada, ou uma neurologia estética, ou o conceito que o próprio autor defende e representa: a neuroestética. Zeki complementa que, por meio da neuroestética, a arte se posiciona como extensão de uma função primordial do cérebro, a da aquisição de conhecimento. Freitas (2017) ressalta que Zeki não defende uma recusa à subjetividade, mas, sim, o desejo de sobrepor a uma organização neural comum, que permite o ser humano se comunicar melhor por meio da arte.

Na visão do neurobiólogo, os artistas consagrados, de certa maneira, seriam neurocientistas bem-sucedidos, já que instintivamente compreendiam a organização e o visual comum, bem como o trabalho do cérebro. Kawabata e Zeki (2004), na publicação *Neural correlates of beauty* fazem referência à beleza, à neutralidade e à feiura, as quais a partir do registro de atividades cerebrais são observadas as intensidades e as reações percebidas no córtex cerebral. Na pesquisa são analisadas diferentes categorias de pinturas e, como resultado, são verificados variações, aumentos e diminuições da atividade cerebral, relacionadas às obras que são consideradas belas ou feias.

No estudo, foi utilizada a ressonância magnética para avaliar a resposta cerebral em relação às obras apresentadas. Antes do início dos testes, foram visualizados pelos participantes diversos tipos de pinturas, como paisagem, natureza morta e composição abstrata, as quais foram classificadas de belas, feias ou neutras. Posteriormente, com a realização da ressonância magnética, a pesquisa revelou que a percepção de diferentes categorias de pinturas é associada às áreas visuais distintas e especializadas do cérebro. Ou seja, o córtex orbitofrontal está, de certa maneira, envolvido independentemente da categoria de pintura e a percepção de estímulos como feios e belos mobiliza de maneira diferente o córtex motor. Segundo Kawabata e Zeki (2004), a maior ativação nas belas dar-se-ia como reação cerebral de recompensa.

Segundo Freitas (2017, p. 162), o cientista explicita as grandes expectativas depositadas nas neurociências em geral, para além das artes, ou seja, Zeki acredita que para a humanidade compreender melhor suas atividades de todas as esferas, como moral, religião, leis etc., deve compreender primeiramente suas leis neurais.

No mesmo entendimento de Zeki, temos o neurocientista indiano Vilayanur Subramanian Ramachandran, que, em sua visão, afirma o entendimento da percepção do belo obedecendo às leis universais que estão relacionadas com aspectos neurobiológicos do processamento de informações comuns a todos os homens.

NEUROESTÉTICA DE RAMACHANDRAN

Segundo Ramachandran (2008), a neuroestética defende que a percepção do belo obedece às leis universais que se relacionam com aspectos neurobiológicos do processamento de informações comuns a todos os homens.

Segundo Alves et al. (2013), é evidente que a arte seja um produto cultural e sua interpretação sempre sofrerá influências culturais. Os autores citam, por exemplo, astatueta de uma deusa da fertilidade, que pode ter caráter religioso local, no entanto, alguém que não pertença àquela comunidade e que consequentemente desconhece seu aspecto sacro pode valorizar apenas a imagem e seus recursos de criação. No entanto, o exagero das formas femininas pode ser percebido por ambos, remetendo-lhes à percepção do belo.

Assim, para o "estrangeiro" não há conteúdo religioso que influencie no seu julgamento. Dessa maneira, os autores mencionam Hubbard e Ramachandran (2005), que reforça a importância de ressaltar que as leis universais da estética não negligenciam o impacto da cultura na criação, na experiência e na interpretação da arte.

Alves et al. (2013) afirmam que, analogicamente, o mesmo acontece com a música, já que esta também tem um alto poder de afetar nossas emoções e de transmitir sentimentos em todas as sociedades ao longo do tempo.

PRINCÍPIOS DE RAMACHANDRAN

Para Bridger (2018), apesar de o ser humano não ter a compreensão plena sobre os processos cerebrais, o que faz com que certas imagens sejam consideradas mais prazerosas do que outras, já existem teorias e princípios, sendo que dois dos principais estudiosos e especialistas são Vilayanur Ramachandran e Semir Zeki.

Ramachandran é considerado um dos mais influentes colaboradores da neuroestética, professor da Universidade da Califórnia em San Diego, responsável por criar as dez leis universais da arte[3] em uma tarde, meditando no interior da Índia, seu país natal (Ramachandran, Zhao e Goldman, 2012).

---

[3] A fim de descobrir princípios universais na arte baseados no conhecimento da neurociência visual em particular, Ramachandran propôs dez princípios, dos quais oito já haviam sido mencionados em seu artigo de 1999 escrito em parceria com William Hirstein ("The science of art: a neurological theory of aesthetic experience"). Em um trabalho anterior, considerei nove dessas leis – listadas por Ramachandran na obra *O que o cérebro tem para contar: desvendando os mistérios da natureza humana* (2014) – e abdiquei da lei ou princípio do equilíbrio, por sua proximidade com o princípio do ordenamento e até mesmo com o da proporcionalidade ou simetria; a lei do equilíbrio não foi devidamente discutida por Ramachandran, mas, a partir das imagens, podemos fazer inferências.

Conforme Zwick (2018), o neurocientista indiano denominou que se tem a existência de uma base neurológica dos universais artísticos, ou seja, embora existam centenas de tipos de arte – arte grega clássica, tibetana, Khmer, bronzes Chola, arte renascentista, impressionismo, expressionismo, cubismo, fauvismo, arte abstrata e mais uma lista interminável, há em toda essa diversidade de estilos alguns princípios gerais, ou "universais artísticos", que atravessam as fronteiras culturais. Seria, dessa forma, possível chegarmos a uma "ciência da arte".

Sua teoria sugere que 90% deriva da diversidade cultural e apenas 10% relacionam-se às leis universais comuns a todos os cérebros. Os 90% culturalmente impulsionados são estudados pela história da arte. Como cientista, mostra-se interessado nos 10% que seriam os universais artísticos, cuja pesquisa é realizada a partir de testes de conjecturas por ser um estudo empírico do cérebro. Esse estudo nomeou essa nova disciplina, a neuroestética, nome dado pelo estudioso Semir Zeki.

Ramachandran (2014) defende que arte envolve a criação de imagens que produzem ativação intensificada de áreas visuais em nosso cérebro e emoções associadas a imagens visuais. Segundo o mesmo autor (1999), os dez princípios da estética são:

1) Efeito de deslocamento de pico ou mudança de pique.

2) Agrupamento e ligação perceptivos.

3) Contraste.

4) Isolamento.

5) Esconde-esconde, ou solução perceptual de problemas.

6) Simetria.

7) Aversão a coincidências.

8) Repetição, ritmo e disposição metódica, ou ordenamento.

9) Equilíbrio.

10) Metáfora.

PRINCÍPIO DO EFEITO DE DESLOCAMENTO DE PICO OU MUDANÇA DE PICO

Alves et al. (2013) descrevem que a lei de deslocamento de pico trata da resposta do cérebro a estímulos exagerados, aos quais as artes visuais e a distorção da imagem pelo exagero de formas ou de cores facilitam a percepção do que é mais importante e contribuem para a apreciação estética. Por exemplo, uma imagem feminina com mamas desproporcionalmente salientes e a face mal definida não seria realista. Na verdade, seria uma desfiguração, mas que, justamente por este motivo, estaria direcionando o cérebro do observador ao reconhecimento do foco, exemplificam os autores. Neste caso, o destaque seria a essência da feminilidade representada pelas mamas, e não as características particulares de uma determinada mulher. Alves et al. (2013) exemplificam com a escultura *Vênus de Willendorf* e a pintura *Campo de trigo com corvos*, de Van Gogh (Figuras 3.2 e 3.3).

Figura 3.2 *Vênus de Willendorf* (22.000 a.C. – 21.000 a.C.)
Fonte: Blogspot. Disponível em: https://1.bp.blogspot.com/-YceP8yaoYX0/XT4Ykch7cWI/AAAAAAAAMq8/LOzzbzwTvDIhrfCIhbuINh44xucKpc6awCLcBGAs/s1600/venus-de-willendorf.jpg. Acesso em: 01 de ago. 2020.

Figura 3.3 *Campo de trigo com corvos*, de Van Gogh.
Fonte: https://www.vangoghmuseum.nl/en/collection/s0149V1962

Ramachandran (2008, 2010) *apud* Alves et al. (2013) reforça que no paradigma de deslocamento de pico o animal é primeiramente submetido a um treino, cujo comportamento é modificado após exposição a um estímulo positivo, uma imagem, associada a uma recompensa, que é o alimento. Quanto mais exagerado, distorcido e distante da realidade for esse estímulo, maior será a reação a ele.

O deslocamento do pico faz com que essa amplificação das diferenças, ressaltando a parte atrativa da imagem, facilite o seu reconhecimento visual e exacerba a resposta do observador (Ramachandran, 2008, 2010).

Alves et al. (2013) afirmam que a mudança de pique funciona semelhantemente ao padrão de estímulo ultranormal, na qual se utiliza uma resposta comportamental inata, substituindo o estímulo do ambiente natural por outro artificial. Nesse sentido, apenas o detalhe pontual que dispara o comportamento inato é amplificado. Ramachandran (2008, 2010) chama atenção que é esta deformação que causa aumento da resposta no animal ou do ser humano.

Princípio do efeito de deslocamento de pico no *neurodesign*

De acordo com Bridger (2018), o princípio pode ser utilizado no *neurodesign* por meio do exagero da forma ou mesmo da aplicação de elementos diferenciadores nas fotografias, fazendo com que elas se tornem mais atraentes (como a beleza de uma paisagem ou mesmo um aspecto delicioso de uma comida, como o *appetite appeal*) e que esses elementos sejam ressaltados para evocar respostas emocionais mais intensas.

Uma aplicação prática foi criada pelos pesquisadores do Massachusetts Institute of Technology (MIT), que desenvolveram um *software* que modifica fotos de rostos para torná-los mais memoráveis, conforme descreve o autor (Bridger, 2018). Os pesquisadores estudaram os elementos faciais que pareciam contribuir para aumentar a capacidade de lembrança da fisionomia e exploraram esses fatores no *software*.

PRINCÍPIO DO AGRUPAMENTO E LIGAÇÃO PERCEPTIVOS: LEI DA ABSTRAÇÃO

Segundo Hudson (2011, p. 2-9), o cérebro tem uma capacidade limitada de armazenamento de informações, de forma que, para utilizar seus recursos de maneira econômica, procura sempre abstrair um padrão a partir de informações complexas, reduzindo e condensando o conteúdo a ser retido. É bem conhecida, principalmente nas áreas da Física, Matemática e Filosofia, a necessidade e a satisfação humana em desvendar assuntos complexos, transformando-os em algo mais simples e universal. A simplificação e o fato de deduzir o real significado são elementos comuns dentro da diversidade, que possibilitam compreender o mundo que se cerca e facilitam adaptação a ele.

Alves et al. (2013) citam as obras como exemplo da lei da abstração: *Tantra lovers*, de Markus Meier (Figura 3.4), na qual apesar dos múltiplos estímulos, o cérebro descobre a imagem dos amantes; e *Mother-Child*, de Durga Bernhard (Figura 3.5) – o cérebro soluciona o problema de entender que a espiral representa mãe e filho.

Figura 3.4 *Tantra lovers,* por Markus Meier.
Fonte: Saatchi Art. Disponível em: https://www.saatchiart.com/art/Painting-tantra-lovers-2012/286302/218144/view. Acesso em 25 mar. 2020.

Figura 3.5 *Mother-Child*, por Durga Yeal Bernhard.
Fonte: The Art of Durga Yael Bernhard. Disponível em: https://dyaelbernhard.com/shop/mother-child-ver-1/. Acesso em: 12 jun. 2025.

Princípio do efeito de agrupamento no neurodesign

Bridger (2018, p. 48) afirma que os designers recorrem ao agrupamento para associar diferentes elementos da imagem que não estejam próximos uns dos outros no design por meio do agrupamento de cor e forma.

PRINCÍPIO DO CONTRASTE

Ramachandran (2014) descreve como o contraste é importante em arte ou design; em certo sentido, é um até mesmo um requisito mínimo. Isto se deve, em parte, ao contraste, que é responsável por criar arestas e limites, bem como figuras contra um fundo. Com contraste zero, não vemos absolutamente nada. O autor ressalta que muito pouco contraste em um desenho pode torná-lo insosso, já o excesso pode gerar confusão. O autor reforça que:

> é difícil imaginar uma pintura ou esboço sem contrastes. Mesmo o mais simples rabisco requer brilho contrastante entre a linha preta e o fundo branco. Dificilmente poderíamos chamar tinta branca sobre tela branca de arte (embora nos anos 1990 a compra de uma pintura toda branca tenha figurado na hilariante e premiada peça *Art* de Yasmina Reza [Figura 3.6], zombando da facilidade com que as pessoas se deixam influenciar por críticos de arte) (Ramachadran, 2014, p. 181).

Figura 3.6 *Art*, de Yasmina Reza.
Fonte: Muskokachautauqua Website.

Na visão de Ramachandran (2014), em linguagem científica, contraste é uma das mudanças relativamente súbitas em luminosidade, cor, ou alguma outra propriedade entre duas regiões homogêneas espacialmente contíguas. Podemos falar de contraste de luminosidade, contraste de cor, contraste de textura e até de contraste de profundidade. Quanto maior a diferença entre as duas regiões, mais forte o contraste.

Algumas combinações de contrastes são mais agradáveis aos olhos do que outras. Por exemplo, cores de alto contraste, como uma mancha azul em um fundo amarelo, chamam mais atenção do que emparelhamentos de baixo contraste, como uma mancha amarela em um fundo laranja. À primeira vista, isso é intrigante. Afinal, podemos ver com facilidade um objeto amarelo contra um fundo laranja, mas essa combinação não atrai nossa atenção da mesma maneira que azul sobre amarelo.

A explicação de Ramachandran (2014) é pelo fato de que uma fronteira de forte contraste de cor atrai mais atenção e pode ser encontrada em nossas origens primatas, no tempo em que o ser humano se pendurava pelos braços nos galhos das indisciplinadas copas das árvores, à luz tênue do crepúsculo ou em longas distâncias.

Outro exemplo citado pelo autor é que muitas frutas têm cor vermelha sobre verde, de modo que os olhos primatas vão visualizá-las. As frutas anunciam-se de modo que animais e pássaros possam avistá-las a longas distâncias.

É importante salientar que o princípio de contraste (justaposição de cores distintas) não contradiz a lei de agrupamento (junção de cores semelhantes ou idênticas), já que ambos têm a mesma função: delinear e dirigir a atenção para limites entre objetos. Na natureza, ambas as leis ajudam a sobreviver, segundo a visão de Ramachandran (2014).

Diferentemente do princípio de agrupamento, o contraste envolve a comparação das regiões de cor que se situam exatamente ao lado uma da outra no espaço visual, enquanto o agrupamento efetua comparações ao longo de distâncias maiores.

Princípio do contraste no neurodesign

Bridger (2018) afirma que os designers podem usar contraste quando quiserem atrair a atenção para um elemento de design, sobrepondo-o a um fundo ou a outro traço de design de cor contrastante. Outra aplicação seria por meio do contraste de um design ou fotografia para aumentar sua atratividade total.

PRINCÍPIO DO ISOLAMENTO

Ramachandran (2014) postula que grandes artistas tiram partido intuitivamente da lei do isolamento, mas sua evidência também vem da neurologia – casos em que muitas áreas no cérebro são disfuncionais e o "isolamento" de um único módulo cerebral permite ao cérebro ganhar acesso sem esforço aos seus limitados recursos de atenção, sem o paciente nem mesmo tentar.

Segundo Alves et al. (2013), o princípio do isolamento de Ramachandran caracteriza-se pelo enfoque de um único aspecto da informação visual, como a cor, a forma ou o movimento, com exclusão ou redução de outros elementos também pertinentes aos objetos representados. Essa retirada de elementos possui resposta efetiva por simplificar a informação, de forma a permitir que a atenção, que é um recurso cerebral de capacidade limitada, foque o aspecto visual selecionado e o aprecie sem interferências.

Os autores exemplificam a lei do isolamento com a arte minimalista japonesa, como o caso de *A Red Plum Branch against the Summer Moon* do artista Hiroshige Utagawa (Figura 3.7). Já na obra de Walther Klemm (Figura 3.8), os autores afirmam que as cores foram reduzidas ao preto e ao branco, de forma que a atenção se direciona às formas e o cérebro infere que elas correspondem à representação de pessoas.

Figura 3.7 *A Red Plum Branch against the Summer Moon*, de Hiroshige Utagawa.
Fonte: Art Institute Chicago. Disponível em: https://www.artic.edu/artworks/47686/a-red-plum-branch-against-the-summer-moon. Acesso em: 25 mar. 2024.

Figura 3.8 Quadro de Walther Klemm.
Fonte: Drouot. Disponível em: https://drouot.com/it/l/15599215--walther-klemm-1883-karlsbadcz. Acesso em 25 mar. 2024.

Princípio do isolamento no neurodesign

Bridger (2018, p. 48) ressalta que "se alguma coisa é difícil de reconhecer, evite que outros elementos do design o ofusquem ou o obscureçam". Outra aplicação do isolamento no *neurodesign* proposta pelo autor se dá por meio do uso de espaço em branco em torno dos elementos de design mais obscuros, que têm como objetivo atrair a atenção.

PRINCÍPIO DO ESCONDE-ESCONDE

Ramachandran (2014) aponta que o princípio do esconde-esconde (ou solução perceptual de problemas) se assemelha superficialmente ao isolamento, mas na realidade é muito diferente. Em poucas palavras, o autor defende que princípio do esconde-esconde nada mais é do que tornar algo atraente ao torná-lo menos visível. Um exemplo disso seria uma foto de uma mulher nua vista atrás de uma cortina de boxe, ou usando trajes sumários, transparentes, pode ser muito mais sedutora do que uma foto da mesma mulher nua. Isto deve-se ao fato de que o ser humano, segundo o autor, tem preferência por esse tipo de ocultamento, uma vez que é conectado de forma física para gostar de decifrar enigmas.

Há diversas obras que contêm o princípio do esconde-esconde; um exemplo é a obra *Bathsheba recebendo a carta de David,* 1654, de Willem Drost (Figura 3.9), e *Composição de figuras*, de Liubóv Popóva, de 1913 (Figura 3.10).

Figura 3.9 *Bathsheba recebendo a carta de David*, Willem Drost, 1654 (óleo sobre tela • 96 x 125 cm • Coll.).
Fonte: Wikipedia. Disponível em: https://pt.wikipedia.org/wiki/Ficheiro:Willem_Drost_-_Batsheba_met_de_brief_van_koning_David.jpg. Acesso em: 25 mar. 2024.

Figura 3.10 *Composição com figuras*, Liubóv Popóva, 1913 (óleo sobre tela, 160 x 124,3 cm).
Fonte: WikiArt. Disponível em: https://www.wikiart.org/pt/liubov-popova/composition-with-figures-1915. Acesso em: 25 mar. 2024.

PRINCÍPIO DE SIMETRIA

Segundo Ramachandran (2008, *apud* Zwick, 2018), a simetria é um princípio aparentado à disposição metódica e ao equilíbrio. Zwick (2018) descreve que se trata da difícil aspiração de expressar a unidade na diversidade, um árduo ensejo da arte, pois reconhece que a reprodução na tela de qualquer objeto visível advém da observação minuciosa da complexidade e da interconexão, da apreensão da harmonia na natureza e sua posterior expressão pela via de uma análise ponderada gradual. Assim, esse princípio ordena as sensações para harmonizar as várias relações e deslocá-las à sua maneira, criando algo inspirado na natureza, de acordo com uma lógica nova e original.

Stakhov (2009), *apud* Zwick (2018), cita o artista russo Chíchkin como uma referência de uso da simetria e traz em seu artigo o comparativo da real imagem no esboço *versus* a real pintura criada e usada pelo artista.

Princípio da simetria no neurodesign

Bridger (2018) reforça que a simetria é agradável, pois facilita o processamento do design. A autora exemplifica que os designers podem aplicar a simetria por meio da criação de formas, caixas e arranjos simétricos de imagens em seus designs.

Neuroestética: arte e ciência 59

PRINCÍPIO DA AVERSÃO A COINCIDÊNCIAS

Conforme Zwick (2018), a lei de aversão à coincidência, assim como a simetria do ordenamento e do equilíbrio, quase sempre tem relação com o não burlar outras normas, por exemplo, da perspectiva e do ponto de fuga, que quase sempre são burladas em leis como a do agrupamento, o que é comum no cubismo, que inverte o ponto de fuga ou, no mínimo, elimina-o ao evitar deixar evidente o caminho do olhar do observador.

Na visão da autora baseada no fundamento de Ramachandran (2008, 2010), coloca-se propositalmente o observador da obra de uma perspectiva de um, dois ou três pontos de fuga, para que ele seja capaz de repudiar a coincidência de um determinado elemento do quadro, ou seja, ele é deixado diante de algo descentralizado propositalmente e se vale de uma tendência de nosso cérebro. Ramachandran (2014) descreve que o ser humano "sempre tenta encontrar uma interpretação genérica alternativa, para evitar a coincidência", e que também "luta para encontrar uma explicação para a coincidência e se frustra porque não há nenhuma". (Ramachandran, 2014, p. 293-294)

Zwick (2018) cita as obras *Lua*, de Aivazóvski, e *Crepúsculo*, de Levitán (Figura 3.11), como exemplos do modo que o leitor encontra contemplado em suas suspeitas, por deparar-se com elementos que estão precisamente em pontos vazios do espaço.

Figura 3.11 *Crepúsculo*, do artista russo Isaák Levitán, 1899 (óleo sobre tela, 49,5 x 61,3 cm).
Fonte: WikiArt. Disponível em: https://www.wikiart.org/pt/isaac-levitan/the-twilight-moon-1898. Acesso em: 25 mar. 2024.

A autora conclui que a arte tenta fazer com que o real, inteiramente racional, possa aplacar toda a sede do emocional, e o artista é capaz de recriar o mundo por sua conta. A arte é o universo em que a ação encontra a forma, como nem sempre acontece na vida; ela consuma aspirações, ela dá forma ao desespero sem forma da vida.

PRINCÍPIO DA REPETIÇÃO, DO RITMO E DA ORDEM

Este princípio trata da habilidade do cérebro em absorver os dados de constância e as propriedades essenciais de um objeto, enquanto simultaneamente descarta propriedades dinâmicas irrelevantes.

Para Ramachandran (2008, *apud* Alves et al., 2013), esse processamento neurológico é atribuído à área do córtex visual V1 (córtex visual primário). *O cérebro seria, em sua natureza, atraído por repetições e ritmos e estaria sempre procurando predizer padrões.* Esta propriedade poderia ser consequência de uma adaptação evolutiva, fruto da necessidade do sistema visual em economizar processamento de informação.

Ramachandran (2014) reforça que a lei de ordem é claramente importante em arte e design, em especial neste último. Zwick (2018) complementa por meio da descrição que o ritmo é criado a partir do uso de elementos recorrentes, elementos que podem ser similares ou idênticos. Os elementos podem ainda, pela harmonia da imagem, realizar-se em uma repetição lógica, ou pela dissonância dessa, em uma repetição ilógica, ou simplesmente uma padronização que evite uma variação muito intensa, a fim de enfatizar algum ponto da obra, ressalta a autora.

Zwick (2018) acrescenta que o princípio de ordem permite que o artista elimine todos os excessos para não causar nenhuma diferença aparente nas predições da hipótese ou teoria de sua própria narrativa.

Princípio da ordem no neurodesign

Bridger (2018) descreve que os designers podem explorar a ordem por meio do cuidado ou mesmo da não aplicação de várias linhas no mesmo ângulo. Ele reforça também que o alinhamento dos elementos no mesmo ângulo pode melhorar a percepção de equilíbrio e harmonia do design.

PRINCÍPIO DO EQUILÍBRIO

Ramachandran (2014, *apud* Zwick, 2018) aponta que o equilíbrio faz com que todos os elementos de uma obra se harmonizem de forma que nenhuma parte se sobreponha ou pareça mais pesada que qualquer outra. Zwick (2018) cita a distinção da lei de equilíbrio com o princípio de metáfora, uma vez que, para Ramachandran e Hirstein, além de um dispositivo de comunicação eficaz, o equilíbrio seria um mecanismo cognitivo básico para codificar um universo em uma forma condensada que o signifique.

PRINCÍPIO DA METÁFORA

Ramachandran (2014, p. 195) explicita que "as metáforas são amplamente utilizadas nas artes visuais". O autor questiona e tende a concluir que a metáfora visual pode ser compreendida pelo hemisfério direito, muito antes do esquerdo, ou seja, de maneira muito mais literal na qual explicita as razões.

Ramachandran (2014) descreve a obra da Figura 3.12 como um exemplo da metáfora presente na arte, "assim, há nessa escultura múltiplas camadas de metáfora e significado, e o resultado é incrivelmente belo. É quase como se as múltiplas metáforas se ampliassem umas às outras..." (Ramachandran, 2014, p. 195).

Figura 3.12 Ninfa de pedra sob um ramo arqueado, olhando para o céu em busca de inspiração divina. Khajuraho, Índia.
Fonte: Ramachandran, 2014, p. 196.

Ramachandran (2014, *apud* Zwick, 2018) reforça que a capacidade do ser humano em revelar analogias ocultas é a base de todo o pensamento criativo. Ou seja, as metáforas talvez permitam a produção de uma espécie de realidade virtual no cérebro. Para o autor, metáfora e sinestesia não são sinônimos, mas compartilham uma profunda conexão.

Princípio da metáfora no neurodesign

Bridger (2018) explica que os designers podem usar metáforas visuais para reforçar uma emoção ou o significado do que está sendo comunicado. As metáforas podem ser um tipo de rima ou reflexo visual. Por exemplo, diferentes elementos de uma imagem podem refletir-se mutuamente. O autor cita que Ramachandran acredita que esses tipos de metáforas atuam em nível inconsciente, ou seja, nem sempre serão percebidas conscientemente.

A NEUROCIÊNCIA COGNITIVA DA ARTE

"A sensação percebida por um pintor em frente a uma bela imagem é muito semelhante à sensação percebida por um matemático ao ler uma equação elegante" (Salah, 2008, p. 150).

É importante ressaltar que apesar de alguns trabalhos relacionarem erroneamente a neuroestética à neurociência cognitiva da arte, ambas têm conceito e visões diferentes em relação à percepção visual e à cognição da arte. Como destaca Freitas (2017), "as neurociências, embora possam nos ajudar a compreender mecanismos de percepção e lançar luzes sobre bases neurais de comportamentos dos mais variados, dificilmente dariam conta de elucidar todas as propriedades estéticas dos objetos e as experiências associadas. Restringem-se a revelar perspectivas e limitam-se ao relativo, como todas as disciplinas" (Freitas, 2017, p. 168-169).

Freitas (2017) esclarece que a neurociência cognitiva da arte, ao mesmo tempo que guarda uma abrangência em sua denominação – aproximando, sem fundir, territórios do saber (neurociência e arte) –, define também sua especificidade no elo com a cognição. O autor (2017, p. 170) complementa que "a neurociência cognitiva da arte tende a ser mais abrangente, pois ambiciona entender o fenômeno artístico nas suas diversas manifestações, enquanto a neuroestética, nos caminhos de seu precursor Semir Zeki, volta-se principalmente à percepção visual" (Freitas, 2017, p. 170).

A confusão teórica ocorre conforme sinaliza o mesmo autor (2017, p. 169) por conta da neurociência cognitiva da arte: "guardar semelhanças com a neuroestética, já que o enfoque na cognição explicita o interesse em compreender o engajamento psicológico dos indivíduos com a arte. No contato com as humanidades, mais especialmente a filosofia, esta neurociência".

Freitas (2017) se baseia no conceito de Seeley (2011), na qual a neurociência cognitiva da arte estuda-se como os indivíduos adquirem, representam e manipulam informações contidas na estrutura de uma obra, entendida como conjunto de estímulos projetados intencionalmente para produzir respostas afetivas, perceptivas e cognitivas. Segundo menciona Leote, "as descobertas da neurociência das últimas décadas, assim como as investigações desse campo que envolvem diretamente a obra de arte têm se mostrado relevantes ao estudo da mente, da linguagem e da própria arte" (2015, p. 1005).

Leote (2015), assim como Freitas (2017), recorre às teorias de William P. Seeley (2011) para melhor compreensão e explicação acerca da neurociência cognitiva da arte.

Segundo Seeley (2011, *apud* Freitas, 2017), as bases para a constituição da neurociência cognitiva da arte situam-se no século XIX, na figura de Gustav Fechner, que, em 1871, escreveu *Experimental aesthetics*. Cientista rigoroso, Fechner foi um adepto da corrente filosófica monista e, ao mesmo tempo, autor de poemas e peças humorísticas, como *Vergleichende Anatomie der Engel* (*Da anatomia comparada dos anjos*). É criador da chamada *estética empírica* e é considerado por muitos o pai da neurociência cognitiva da arte. Portanto, Freitas (2017) reforça que *a neurociência cognitiva da arte surge como uma subdivisão da estética empírica* voltada à aplicação de métodos neurocientíficos para o estudo do engajamento das pessoas com obras de arte.

Changeaux (2013, *apud* Leote, 2015, p. 1005) complementa que na década de 1970 Alexander Luria também buscou identificar as bases neurais da contemplação e da criação da obra de arte, dando continuidade aos conceitos de Fechner.

Leote (2015) conceitua a neurociência cognitiva da arte como modelo geral, que considera a obra de arte como uma classe de estímulos, os quais são intencionalmente desenhados para induzir a uma variedade de respostas afetivas, emocionais, perceptivas e cognitivas no leitor, espectador, observador ou ouvinte. Como Seeley (2011, *apud* Leote, 2015), destaca a obra de arte estudada sob essa perspectiva e sugere que o envolvimento com ela pode ser pensado como um problema de processamento de informação. A partir deste entendimento, Leote (2015) questiona como consumidores adquirem, representam e manipulam a informação contida na estrutura formal desses estímulos.

Segundo a autora, a resposta vem a partir da neurociência cognitiva que se torna então uma ferramenta que pode ser usada para modelar esses processos e comportamentos, e seus modelos podem ser adotados para avaliar a natureza do envolvimento humano com a obra de arte em uma variedade de mídias.

A neurociência cognitiva da arte aparece como uma ferramenta para modelar processos e comportamentos implicados na fruição/interação de/em uma obra de arte (Freitas, 2017; Leote et al., 2015; Seeley, 2011). Em outras palavras, trata-se de uma tentativa de entender como funciona uma obra do ponto de vista cognitivo.

Leote (2015) destaca que para defender esse ponto de vista, Seeley reforça que os modelos de atenção seletiva da neurociência demonstram que existe uma conexão muito estreita entre o significado, a identidade, a projeção semântica, as características afetivas e perceptivas que se atribui ao estímulo.

Seeley (2011) explica que os cientistas cognitivos usam redes atencionais que conectam áreas pré-frontais (associadas à identidade do objeto, à memória de trabalho e à atribuição de projeção afetiva a um estímulo) ao processamento sensorial dos sistemas visuais, auditivo e somatossensorial para modelar os efeitos do estímulo. Com isso, sugere que as respostas a questões sobre a projeção semântica da obra de arte têm um papel regulativo no nível neurológico, ao determinar a qualidade estética do envolvimento do expectador com a obra.

CAPÍTULO 4
Neurodesign: o uso da neurociência no processo criativo de design

O neurodesign abre as portas para o desenvolvimento de produtos e serviços capazes de tocar a verdade interior e a sensibilidade estética que existe dentro de todos nós.

(Pradeep, 2012, p. 18)

Pradeep (2012) revela que o neurodesign pode abrir as portas para o desenvolvimento de produtos e serviços capazes de tocar a verdade interior e a sensibilidade estética que existe dentro de todos os consumidores. Sob essa mesma perspectiva, Bridger (2018) descreve que o neurodesign é a aplicação de *insights* de neurociências e de psicologia para a criação de designs mais eficazes, baseando-se em outros campos correlatos para ajudar a compreender por que as pessoas reagem de certa maneira aos designs, por meio de análises de imagem de computador, da economia comportamental e da psicologia evolucionista.

Kirkland (2012) explica que os conhecimentos e aplicações fundamentados em neurociência ajudam a avaliar o artefato desde o momento em que evolui no processo criativo até o lançamento do produto. Assim, os princípios da neurociência em combinação com a ciência cognitiva deram origem ao surgimento do campo de investigação, o do neurodesign.

É importante salientar que o neurodesign não desconsidera a criatividade ou mesmo a intuição do designer. Como acrescenta Bridger (2018, p. 20), "os designers já usam a intuição para criar designs e, em seguida, para analisar a criação e para julgar com os próprios olhos quanto são eficazes e para fazer os ajustes necessários". Assim, no processo, usarão o conjunto de princípios compartilhados ao longo dos anos pelos designers sobre como produzir um bom design. Na visão do autor, o neurodesign complementa e aprimora esses princípios.

O mesmo é defendido por Kirkland (2012), ao ponderar que a neurociência torna possível explicar por que a experiência do produto ou serviço é fundamentalmente boa ou má, permitindo aos membros da equipe do projeto obter verdadeiros conhecimentos sobre as características do design do produto.

A ideia geral defendida no neurodesign é que, por meio de pesquisas já realizadas em neurociência e psicologia, há como traçar fatores comuns que influenciam na possibilidade de as pessoas terem preferência por um design em detrimento de outro. Bridger (2018) apoia sua visão baseada na neuroestética, e não na neurociência cognitiva da arte; ou seja, privilegia a estética e não entra no viés da cognição. O autor, entretanto, não deixa de citar a importância da expressão da mente inconsciente do consumidor, definindo que o neurodesign envolve a compreensão das idiossincrasias e processos da mente inconsciente para criar designs que pareçam mais atraentes.

Entretanto, não se pode deixar de lado toda a influência e importância cognitiva no entendimento do processo. Alguns autores (Rieke e Guastello, 1995; Karwowski, Lebuda e Beghetto, 2019; Karwowski, 2011) incorporam a ciência cognitiva, pois, segundo eles, o neurodesign apoia a investigação "comportamental e contextual" antes de tomar decisões sobre as prioridades-chave do design, já que, ao realizar entrevistas no início de um projeto de design, os membros da equipe podem obter a percepção dos clientes. Na visão desses autores, a ergonomia cognitiva pode ser definida como a ciência que visa assegurar a compatibilidade no funcionamento do artefato-humano com respeito a inter-relações complexas e incertas entre os utilizadores do sistema, as máquinas e os ambientes.

Kirkland (2012) reforça que a compreensão dos modelos neurais e cognitivos dos utilizadores permite aos designers desenvolver soluções intuitivas e de apoio, ao mesmo tempo em que atingem a satisfação do cliente. O autor afirma que a utilização do que a comunidade científica aprendeu em neurociência no campo do design permitirá aos designers compreenderem como evoluem as soluções e os padrões de interação dos consumidores.

É importante destacar que o neurodesign vem se tornando uma importante ferramenta e metodologia de criação de design, com muitas agências de design e outras áreas já inserindo-a como uma parte de sua metodologia. A maioria das metodologias hoje é patenteada, já que produtos e embalagens com melhor design aumentam o volume e o valor das compras, mesmo porque o design é cada vez mais indutor de valor, segundo Bridger (2018). O autor ilustra, na Figura 4.1, os campos que contribuem para o neurodesign.

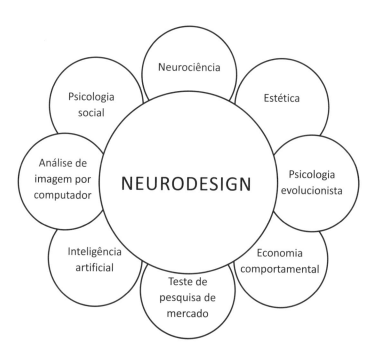

Figura 4.1 Campos que integram e colaboram com o neurodesign.
Fonte: adaptada de Bridger, 2018, p. 17.

Bridger (2018, p. 28) reitera que o design é irracional e isso se deve ao fato de que não há uma lógica para gostar mais de um design do que de outro, e os seres humanos têm suas preferências associadas aos sentimentos. O autor explica que, quanto maior for a complexidade visual e a profusão de informações da vida cotidiana, menos se recorre à mente consciente, racional e lógica e mais se apoia na mente inconsciente, intuitiva e emocional. O autor chama a atenção para o uso dessas medições que permitem o teste do design com base em reações humanas reais e, assim, elenca alguns dos princípios do neurodesign.

PRINCÍPIOS DO NEURODESIGN

Bridger (2018) salienta que o neurodesign envolve *insights* da psicologia e de neurociência sobre como o cérebro dispara diferentes reações aos designs. Segundo ele, o neurodesign é capaz de fornecer uma série de princípios que os designers e pesquisadores de design podem usar para compreender essas reações:

1) Fluência de processamento: o cérebro humano tem um viés para imagens que facilitam sua decodificação, ou seja, imagens mais simples e mais compreensivas levam vantagem na hora do processamento humano.

2) Primeiras impressões: o cérebro humano não pode deixar de fazer julgamentos intuitivos rápidos quando visualiza alguma coisa pela primeira vez, por isso é importante considerar a primeira reação ao design. Aqui, o autor quis ressaltar o efeito que o design tem de evocar, antes mesmo de o consumidor ter tempo de assimilar e compreender conscientemente o que está vendo.

3) Destaque visual: permite que o usuário reconheça com agilidade o design. Segundo o autor, à medida que o cérebro compreende o que está vendo ao redor, constrói o que os neurocientistas chamam de mapa de destaques, ou seja, um mapa visual de tudo que o cérebro acha que merece atrair sua atenção. O destaque visual é a capacidade de atrair e, a partir das primeiras impressões, enviesar e predispor as reações subsequentes. Um exemplo citado por Bridger (2018) são as pesquisas demonstrando que designs de embalagens com alto destaque visual são escolhidos nas lojas, mesmo quando o cliente tende a preferir um produto do concorrente.

4) Indutores emocionais não conscientes: são os detalhes que podem exercer impacto comparativamente grande sobre a capacidade de envolver emocionalmente os observadores. Para produção de designs influentes, a criação de efeitos emocionais é importante, já que vieses configurados no cérebro podem ser rastreados para elaborar designs emocionais mais significativos.

5) Economia comportamental: investiga as idiossincrasias do inconsciente do consumidor e o quanto ele pode ser capaz de influenciar as escolhas na decisão.

O USO DOS TESTES DE NEUROFISIOLOGIA PARA VALIDAÇÃO DE CAMINHOS CRIATIVOS

De acordo com Bridger (2018), os princípios de neurodesign que governam grande parte das reações humanas ao design são em grande parte inconscientes. Para relatá-los, conforme ilustra Wickens (1987), a metodologia de neurodesign pode fornecer uma estrutura de modelação útil para a percepção humana aplicada e especialmente para modelar uma variedade de situações de tarefas complexas, sistemas, artefatos e ambientes, bem como suas interações com as pessoas.

Bridger (2018) contextualiza que os testes e as medições usados na neurociência são utilizados no dia a dia em todo o mundo, para avaliação de designs de todos os tipos, como anúncios impressos, páginas da internet e design de embalagens, em que questões, como as descritas a seguir, são abordadas:

- Como mudar esse design de página de internet para melhorar a impressão dos usuários?

- Entre vários anúncios impressos, qual tem maior probabilidade de provocar a reação emocional desejada?

- Como otimizar o design de um anúncio impresso para garantir que ele seja visto e que seus elementos mais importantes atraiam a atenção?

- Qual design de embalagens tem maior probabilidade de ser percebido nas prateleiras de uma loja?

Bridger (2018) exemplifica como designers vêm aplicando o neurodesign, descrevendo o *software* Predictive Neuro Test (PNT – neuroteste preditivo), o qual verifica o design, apresentando previsões das reações prováveis dos usuários, assim como testa a fluência (se os usuários compreendem com facilidade) e analisa as imagens faciais, pelas quais identifica os tipos de emoções retratadas. O autor afirma que esse neurosoftware é capaz de ampliar o poder da criatividade humana, permitindo que o designer tenha sua intuição aumentada.

Bridger (2018) complementa ainda que os principais métodos disponíveis com objetivo de testar as imagens criadas são: rastreamento de olhos online, codificação da ação facial, ECG/ fMRI, descritos nos itens anteriores. Mais à frente, será detalhado como cada teste é aplicado, em especial para validação dos testes das embalagens, identificando assim as possíveis técnicas percebidas no neurodesign.

PARÂMETROS NEUROMÉTRICOS UTILIZADOS PELA NIELSEN NEUROSCIENCE, SEGUNDO PRADEEP

Pradeep (2012) informa que a Neurofocus, hoje Nielsen Neuroscience Consumer, desenvolveu e aplicou três parâmetros como indicadores para compreensão do cérebro "consumista", descritos como parâmetros neurométricos, e, segundo ele,

> Foi empregado um tremendo esforço científico na formulação e no desenvolvimento desses indicadores, que se baseiam em descobertas, procedimentos e princípios estabelecidos, aprimorados em laboratórios de pesquisas do mundo todo e publicados em algumas das mais prestigiadas revistas científicas (Pradeep, 2012, p. 131).

O autor explica que os parâmetros neurométricos principais medem:
- nível de atenção;
- envolvimento emocional;
- retenção de memória.

Já os parâmetros secundários medem:
- intenção de compra/persuasão;
- novidade e percepção/entendimento/compreensão.

Enquanto o parâmetro resumido mede a eficácia.

PARÂMETROS PRINCIPAIS

Atenção

Pradeep (2012) descreve a atenção como uma função fundamental para o cérebro que produz um padrão distinto de ondas cerebrais. O autor informa que, por meio das flutuações dos padrões cerebrais examinados nos testes fisiológicos em decorrência da avaliação do anúncio ou embalagem, é possível detectar com precisão qual aspecto desperta mais a atenção.

Envolvimento emocional

O autor cita que assim como a atenção, o envolvimento emocional pode aumentar e diminuir com o tempo, já que a emoção também é um fenômeno que varia de um momento para o outro. Pradeep explica que se trata de uma tendência do cérebro e do sistema nervoso, que são ativados com maior ou menor intensidade. O envolvimento emocional pode ser também descrito como empolgação, entusiasmo, estimulação e intensidade de experiência, termos também utilizados para descrever a excitação.

É importante destacar que, na visão de Pradeep, essas emoções são precursoras fundamentais de intenções, atitudes, decisões e comportamentos, ou seja, o envolvimento emocional representa a ligação que o consumidor sente com aquilo que ele vivencia em determinado momento. Ele salienta, ainda, que a maneira como essa ligação se modifica com o tempo torna-se um importante indicador de como o consumidor está reagindo a uma história ou mensagem. Outro fator de destaque é que o envolvimento emocional é descrito como abaixo do limiar da percepção consciente, ou seja, esse envolvimento pode influenciar o comportamento humano de maneiras que não se acompanham conscientemente. Por isso, mesmo que seja importante, somente o envolvimento emocional não é capaz de extrair toda a verdade, sendo somente uma parte da compreensão.

Memória

É descrita como o terceiro elemento fundamental das respostas aos estímulos comerciais, conforme Pradeep. A memória é elencada como um dos aspectos mais estudados do cérebro em ação, já que os seus mecanismos e as estruturas cerebrais envolvidos na sua codificação e recuperação podem ser mapeados e analisados.

O autor ressalta que, assim como no caso da atenção e emoção, os processos de memorização são capazes de gerar padrões de ondas cerebrais sistemáticos e mensuráveis, que indicam quando o processamento da memória está ativo. Um exemplo fornecido por ele é de pesquisadores que registraram as ondas cerebrais durante o processo de memorização e, somente pela análise dessas ondas, puderam prever com bastante precisão se mais tarde a pessoa conseguiria se lembrar ou não da tarefa memorizada.

O autor afirma que o parâmetro neurométrico de memória baseia-se em identificar os marcadores de atividades de memorização, ou seja, se o consumidor, enquanto assiste a uma campanha publicitária ou analisa uma embalagem, irá memorizar ou não. O parâmetro de memória é capaz de revelar o quanto o consumidor, enquanto passa por uma experiência de consumo, irá retê-la ou não.

PARÂMETROS SECUNDÁRIOS

Pradeep (2012) declara que os parâmetros secundários derivam da combinação de dois parâmetros primários: o envolvimento emocional e a memória, já que ambos costumam estar mais associados às compras. O autor discorre que, apesar de os dois parâmetros não explicarem totalmente a razão de o consumidor comprar, ajudam a prever uma compra quando associados a outros parâmetros.

Intenção de compra/persuasão

Para o autor, quando um anúncio é envolvente e faz com que o cérebro fique emocionalmente envolvido, é capaz de reforçar a memorabilidade da marca e do produto, aumentando a intenção de compra. Quanto maior for a persuasão por conta do anúncio, maior será a intenção de compra.

Como esse parâmetro neurométrico é formado por dois componentes que mudam a cada momento, a própria intenção de compra/persuasão tem a propriedade útil de variar a cada momento, além de constituir um indicador resumido. Isso pode ser muito importante para identificar com precisão não apenas o poder geral de persuasão de um anúncio, mas também os momentos do comercial que contribuem mais – ou menos – para essa persuasão (Pradeep, 2012, p. 136).

Outro ponto de destaque é o quesito novidade, que segundo autor também deve ser monitorado e considerado, já que uma novidade pode se transformar em tédio e, depois, em irritação. Segundo Pradeep, os testes neurofisiológicos oferecem essa vantagem, ou seja, a capacidade de avaliar com extrema precisão a habituação ou "fator de desgaste" da publicidade, da embalagem, entre outros. Mais adiante, abordaremos mais sobre a novidade como parâmetro a ser considerado.

Percepção/entendimento/compreensão

Pradeep (2012) discorre que a compreensão da mensagem ou produto está correlacionada com uma combinação de atenção e envolvimento emocional. Assim, quanto mais atentos e envolvidos os consumidores estiverem, maior será a compreensão e, como consequência, maior a percepção acerca do produto, da mensagem e da marca. Na visão do neurocientista, a percepção também é um indicador momentâneo que permite identificar se uma mensagem é clara ou não e o porquê.

Eficácia

Pradeep (2012) descreve que o parâmetro neurométrico resumido, a eficácia, é resultado da combinação linear dos três principais parâmetros neurométricos (retenção de memória, atenção e envolvimento emocional), conforme ilustra a Figura 4.2.

O autor considera que, para a Neurofocus, o valor do parâmetro eficácia está no seu desempenho. Trata-se de um indicador preciso, um previsor confiável e inteiramente neutro em termos de linguagem, calculado diretamente a partir dos registros das ondas cerebrais em tempo real.

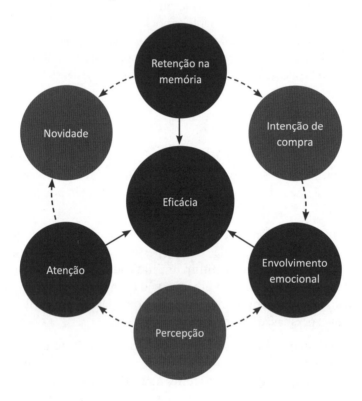

Figura 4.2 Parâmetros neurométricos.
Fonte: adaptada de Pradeep, 2012, p. 139.

METODOLOGIA PATENTEADA NEUROFOCUS, ATUAL NIELSEN NEUROSCIENCE CONSUMER

Conforme descreve Pradeep (2012), a Neurofocus utiliza metodologia patenteada nomeada de Resposta Subconsciente Profunda, que visa avaliar com precisão de que modo uma determinada experiência – por exemplo, assistir a um comercial ou engajar-se em uma experiência de consumo, como o uso de um produto – afeta a receptividade do cérebro a um determinado processo ou concepção.

A metodologia consiste em primeiramente avaliar o grau de receptividade inicial de uma pessoa a um conjunto de conceitos fornecidos pelo cliente – "antes". Depois, o consumidor passa pela experiência em si, ou seja, assiste ao comercial, degusta o produto ou visualiza a embalagem, na qual se avalia a receptividade – "após". Como consequência, conforme ilustra o autor, se um conceito for reforçado pela experiência, o efeito "após" será maior do que o efeito "antes", isto é, a pessoa ficará mais receptiva ao conceito e à sua associação com a marca ou produto incluído na experiência. Por outro lado, se o conceito não for reforçado pela experiência, o efeito "após" será o mesmo, ou até menor.

Todo esse processo descrito por Pradeep é implícito, ou seja, não é feita nenhuma interação ou pergunta ao consumidor analisado. Nesse caso, o antes e o depois são medidos em momentos diferentes: antes da experiência e após. Segundo o autor, essa metodologia possibilita atribuir as mudanças de indicadores ao impacto subconsciente direto da própria experiência em si, tornando os consumidores capazes de classificar os conceitos de acordo com seu grau de afinidade com a experiência, produto e marca, identificando quais são os conceitos mais e menos associados a essa experiência.

O ponto forte desta metodologia, na visão do seu criador e da consultoria, é que a metodologia é totalmente não verbal e é capaz de remeter a processos subconscientes verdadeiros, e não reconstituições ou racionalizações verbais. Com os testes neurofisiológicos é possível detectar diferenças consideráveis entre conceitos, que à primeira vista podem parecer indistinguíveis.

A metodologia é assimilada e se baseia em cinco principais categorias de pesquisa, conforme descreve Pradeep: marcas, produtos, embalagens, aplicação dos parâmetros e propaganda.

MARCAS

Pradeep (2012) assevera que a marca é o coração do negócio, já que os seres humanos têm a necessidade estrutural de se relacionar não apenas com outros seres humanos, mas também com os objetos e instrumentos funcionais e de diversão que usam no cotidiano. Segundo o autor, o desafio está em apresentar a sua marca como algo com o qual o consumidor possa e queira estabelecer um relacionamento de longa duração. A explicação dessa necessidade deve-se ao fato de que o cérebro tem intercorrências neurais bem desenvolvidas para criar vínculos com coisas significativas na vida do ser humano. Outro ponto levantado é o de que as marcas servem a um propósito humano vital na vida humana: conferem identidade, significado e conectividade às nossas experiências e bens.

Na categoria de marca, a metodologia da Neurofocus (atual Nielsen Neuroscience Consumer) aplica os parâmetros neurométricos para avaliar, identificar e classificar as sete principais dimensões de uma marca: forma, função, sentimentos, valores, benefícios, metáforas e extensões. Questões fundamentais – por exemplo, o significado profundo e subconsciente da marca na mente do consumidor, assim como o verdadeiro valor de marca – são questões direcionadoras para nortear a compreensão consciente do consumidor em relação à marca. Outros questionamentos, como transformar agnósticos em devotos da marca e rastreabilidade das alterações do valor de marca também são considerados no processo.

Para dar início à compreensão da essência de marca, a Neurofocus primeiro estuda como os gerentes de marketing percebem a essência de marca e analisa comparando com a resposta subconsciente profunda do consumidor. Assim, a comparação e a análise permitem codificar a estrutura da essência da marca. Segundo o autor, por meio dessa estrutura da essência da marca, é possível alcançar o maior propósito, que é o de propiciar o desenvolvimento da paixão.

Forma

Conforme cita Pradeep (2012), a forma é a manifestação física da marca, a conexão sensorial e física mais tangível que o consumidor tem com ela. Na metodologia, os testes avaliam os atributos de forma que são implicitamente reconhecidos pelos consumidores em seu subconsciente profundo ligado à marca. Segundo o autor, os seres humanos são programados biologicamente para buscar e classificar formas, entretanto de forma inconsciente. Exemplos de elementos formais de uma marca que estão interligados com maior ou menor força no subconsciente são a imagística, a iconografia, as fontes tipográficas, o design e os logotipos associados à marca. Essa ligação também pode abranger características físicas do produto, que incluem elementos tangíveis como formato, tamanho, capacidade, cor ou textura, na visão do autor.

Pradeep (2012) chama a atenção para o fato de que a forma não compreende apenas elementos visuais, mas também o tom, o ritmo, o timbre, a melodia e as qualidades harmônicas. O autor metaforicamente compara com o corpo humano, no qual a forma seria o rosto e a voz da marca. Outro ponto relevante é que além dos atributos da forma, associados à marca, é igualmente importante entender os atributos formais de categoria que se infiltram e se tornam atributos da marca, aos quais usualmente há uma forte associação – marca e categoria, no nível subconsciente.

Nesta obra, aprofunda-se a inserção do neurodesign no desenvolvimento das embalagens dos cosméticos e da categoria da beleza. Assim, não serão abordadas as demais categorias em profundidade. Para maior compreensão acerca da forma, o autor cita que é preciso descobrir quais atributos da forma o subconsciente do consumidor associa à categoria, à marca e aos concorrentes da marca.

Pradeep refere-se às linhas e aos contornos do estilo específico do produto como símbolos capazes de personificar os atributos de forma da marca. Exemplos disso são os modelos de carro da marca Porsche, com estilo exclusivo da frente e traseira do carro, e o modelo Lamborghini, que tem o capô alongado, as reentrâncias laterais e o quarteto de faróis traseiros redondos, os quais marcam o estilo distintivo de um Corvette (Figura 4.3).

Figura 4.3 Porsche.
Fonte: imagem extraída de: https://unsplash.com/pt-br/fotografias/um-carro-esportivo-branco-estacionado-na-
-beira-da-estrada-S7bRdvGDUPA. Acesso em: 11 jan. 2024.

O mesmo é percebido na fonte tipográfica que serve para estabelecer e representar as marcas (Figura 4.4).

Serif
Adequada para ambientes acadêmicos e formais. Exemplo de instituição que utiliza: Yale.

Sans serif
Tem boa legibilidade, é interessante para textos longos e fontes pequenas. Exemplo de instituição que utiliza: Nike

Script
Associada a elegância, adapta-se bem a cartões de visita. Exemplo de instituição que utiliza: Coca-cola.

Modern
Associada a estilo e exclusividade. Exemplo de instituição que utiliza: Facebook.

Figura 4.4 A tipografia e as associações percebidas nas marcas.
Fonte: adaptada de https://i2.wp.com/www.pibcuritiba.org.br/wp-content/uploads/2019/08/yalenike.png?resize=744%2C517&ssl=1. Acesso em: 1 jul. 2020.

Função

Pradeep (2012) ilustra que a dimensão de função é a funcionalidade desempenhada pela marca no cotidiano do consumidor, não sendo simplesmente qualquer função, mas as que são indispensáveis e exclusivas da marca (ou seja, aquelas que diferenciam as funções da marca das funções mais genéricas da categoria). Nos testes de funcionalidade, o autor destaca que é importante distinguir as duas categorias de função: a explícita e a implícita.

A funcionalidade explícita considerada na metodologia é o conjunto de funções do produto que podem tanto ser implementadas pelo designer do produto como verbalizadas pelo consumidor, levando em consideração a facilidade e eficácia na descrição. Para cada caso, os parâmetros neurométricos podem revelar a hierarquia na mente do consumidor, já que as funções explícitas têm maior ressonância do que outras. Já as funções implícitas são aquelas que os consumidores consideram valiosas e indispensáveis, mas que, de certa forma, não são capazes de verbalizar.

Sentimentos

Conforme explica Pradeep (2012), sentimentos são as associações emocionais automáticas que emergem quando se pensa na marca ou quando ela é mencionada. De certa forma, constituem o arquétipo emocional da marca. Na metodologia, os testes com as categorias são capazes de revelar que cada marca tem uma identidade emocional própria no subconsciente profundo. Exemplos disso, segundo o autor, são os ambientes apropriados nas lojas, a disposição nas gôndolas, as características positivas do produto e até o modo de exposição dos produtos, que constituem o primeiro implícito para a marca.

Os sentimentos são uma espécie de forma abreviada de uma grande rede de atributos e ligações associadas à marca, incluindo fatos, tempos, lugares e pessoas, destaca o autor. Outro ponto importante é entender os principais sentimentos que se vinculam à marca. O autor informa que ao explorar os cenários emocionais associados às marcas/produtos, convém dividi-los em seis categorias de sentimentos associados:

1) Ao lugar, o ambiente social, e à ocasião em que o produto/marca é usado.

2) Ao ato de se preparar para usar o produto/marca.

3) Ao uso do produto/marca.

4) Ao depois do uso do produto/marca (sensação de satisfação remanescente).

5) Ao contexto cultural mais amplo, em que produto/marca desempenha um papel.

6) Aos eventos ao vivo ou ao ciclo de vida, em que o produto/marca desempenha um papel.

Valores

A técnica da Resposta Subconsciente Profunda, segundo Pradeep (2012), avalia os valores morais e sociais mais amplos aos quais a marca pode estar ligada, seja de modo implícito ou explícito. Segundo o autor, a metodologia revela que quando uma marca se coaduna com os valores sociais, morais ou espirituais profundos do consumidor, a tendência de defesa da marca aumenta, tanto nas redes sociais próximas quanto nas virtuais; ou seja, os valores fortalecem a ligação de sentimentos às marcas, reforçam e interligam a marca a metas e objetivos.

Benefícios

Na visão de Pradeep (2012), os benefícios são recompensas significativas que o consumidor espera receber ao usar a marca. Normalmente, os benefícios são expressos como declarações e afirmações acerca do que a marca pode fazer pelo consumidor, mas também podem ser expressadas de modo implícito.

Na metodologia da Neurofocus, conforme detalha o autor, as avaliações de marcas múltiplas revelaram que as associações subconscientes mais fortes com determinados benefícios tendem a se relacionar com a identidade pessoal e com os valores do consumidor; ou seja, os benefícios servem como atributos que os consumidores desejam que os outros reconheçam neles.

O autor elenca as categorias de benefícios que se destacam, tanto no modo implícito quanto explícito, na associação de uma marca com a identidade pessoal do consumidor:

- promove a beleza;
- representa realizações intelectuais;
- aumenta a atratividade sexual;
- indica que o usuário está na moda, de acordo com as últimas tendências;
- mostra que o usuário está "por dentro", que é avançado técnica e intelectualmente;
- remete a sucesso profissional e financeiro;
- significa exclusividade, que faz parte de uma elite;
- indica que tem recursos e acesso ao poder;
- representa orgulho genético e racial;
- denota personalidade exclusiva.

Metáfora

Pradeep (2012) afirma que as metáforas revelam imensas expectativas que passam a ser consciente ou subconscientemente associadas à marca e ao significado para o consumidor. É válido citar que as melhores metáforas de marca se tornam sinônimo de promessa ou compromisso da marca com o consumidor, designam a ambição da marca, ou seja, a ambição humana que a marca corporifica. São essas ambições humanas que fornecem a arquitetura das aspirações e inspirações que a marca utiliza para desenvolver a sua estratégia de marca. A metáfora será inútil, a menos que seja tangível e sistematicamente reforçada por meio dos elementos do projeto, da embalagem e da comunicação.

Na metodologia descrita por Pradeep, as avaliações são especialmente apropriadas para a identificação das associações metafóricas, tanto explícitas – como em todos os tipos de marca, na qual se concentra na intensidade com que uma metáfora é implicitamente ativada – quanto implícitas, com todos os tipos de marca. Na metodologia, concentra-se na intensidade com que uma metáfora é implicitamente ativada depois de exposta à marca, assim é possível avaliar com precisão o grau de associação entre ambas.

Extensões

A última dimensão atribuída por Pradeep (2012) é a extensão da marca. O autor descreve que o cérebro é capaz de convidar a marca a fazer mais coisas ou não, já que as extensões naturais são inerentes ao subconsciente do consumidor. As extensões naturais são derivadas das conexões implícitas que os consumidores fazem entre quaisquer outras dimensões da essência da marca, podendo abranger formas, funções, benefícios ou outros atributos das marcas concorrentes.

Conforme destaca o neurocientista, a extensão de marca tem maior probabilidade de obter sucesso quando é facilmente processada por seus consumidores, em vez de exigir que eles se reajustem às suas associações implícitas para abrir espaço para novas extensões.

A NEUROFISIOLOGIA APLICADA AO DESIGN

O uso dos testes neurofisiológicos tem sido aplicado ao design por meio das consultorias e pelas agências de design, conforme descreve Bridger (2018). A Saddington Baynes, com sede em Londres, é uma empresa de produções criativas, que exemplifica o uso de pesquisas e práticas de neurodesign. O autor informa que a Saddington Baynes utiliza, desde a fase de pesquisa e desenvolvimento, as técnicas de neurodesign como parte da metodologia de criação de novas campanhas, pois se percebeu que, ao mudar a iluminação, as cores, as lentes, ou mesmo os ângulos da câmera, os locais de fundo ou o posicionamento dos produtos (no caso, o exemplo ilustrado foi de carros), pode--se mudar a percepção final. De acordo com site oficial da Saddington Baynes, já foram desenvolvidos trabalhos com metodologia do neurodesign em *cases* de beleza para as marcas Jo Malone, L'Oréal, Estée Lauder e Olay.

As práticas de neurodesign fizeram com que a agência elaborasse uma ferramenta proprietária, a qual consegue prever e confirmar se o caminho criativo escolhido será de sucesso ou não. A metodologia é capaz de verificar se será eficaz para os objetivos de uma companhia, além de submeter as imagens ao sistema que testa centenas de pessoas online usando o teste de resposta implícita. Na matéria da *Fast Company*, de 25 de junho de 2013, intitulada "Neurodesign Lab Startup aims to unlook creativity", Meg Carter cita o exemplo da *startup* "The beautiful mind", criada em 2013 com o propósito de ser um laboratório de neurodesign, no qual neurocientistas trabalham ao lado de designers, tendo como cofundador Stuart Youngs, diretor criativo da agência de design e *branding* londrina Purpose, junto ao neurocientista Beau Lotto, professor da University College London. Ambos criaram o Lottolab, um cruzamento entre um estúdio de arte e um laboratório de ciências, com o intuito de aprofundar a investigação sobre a percepção humana. Atualmente, a Lottolab se transformou em Lab of Misfits (Figura 4.5), que tem clientes como Cirque du Soleil, L'Oréal, Charles Koch Institute, BCW, Science Museum, entre outros.

Figura 4.5 Site da Lab of Misfits com descritivo dos clientes.
Fonte: Lab of Misfits (2020).

O Lab of Misfits (LOM) se posiciona como o único estúdio criativo em seu site oficial, entretanto não se trata da verdade, já que há inúmeros exemplos de agências, consultorias, ao redor do mundo, inclusive no Brasil, que estão usando a metodologia e princípios do neurodesign, conforme discutiremos mais adiante. Vale destacar que o estúdio descreve o uso do neurodesign para criação de roupas, assim como instalações imersivas, enquanto a maioria das agências é mais voltada para campanhas e produtos.

Nos *cases* descritos na página oficial do LOM, há um vídeo do Cirque du Soleil, em que são descritos os bastidores de como a agência fez parceria com a companhia multinacional de entretenimento para descobrir a verdade por trás da admiração das pessoas pela companhia. Na visão do fundador e neurocientista Beau Lotto, a admiração é uma das mais poderosas percepções humanas. O que chama a atenção é a descrição da marca de cosméticos francesa L'Oréal, sinalizando mais uma vez o uso do neurodesign pela marca de cosméticos, temática que também será aprofundada no capítulo seguinte e um dos intuitos desta obra. Beau Lotto é também autor do livro *Golpe de vista: como a ciência pode nos ajudar a ver o mundo de outra forma* (2019), no qual defende que a percepção é o fundamento da experiência humana, pois poucos seres humanos sabem dizer por que veem o que veem, e como isso acontece. Lotto (2019) entende que a próxima grande inovação não é uma nova tecnologia, mas um novo jeito de ver. O autor baseia seus conceitos em duas décadas de pesquisas, completamente considerados por muitos como fora dos padrões, os quais envolvem dançarinos, músicos, matemáticos, cientistas da computação, investidores, primatologistas e, naturalmente, neurocientistas. Lotto explica que o cérebro humano não evoluiu para ver o mundo como ele é.

Outros exemplos de agências de design ao redor do mundo que utilizam o neurodesign são: BrandOpus, com sede em Nova Iorque, nos Estados Unidos, Londres, na Inglaterra, e Melbourne, na Austrália; Cactus & Co e 3 Colors Rule, ambas com sede na França, e a Octopi Neuro Design, na Inglaterra.

No site oficial da BrandOpus, o uso do neurodesign é detalhado por meio das análises de comportamento e percepções, entretanto não há descrição aprofundada da metodologia. Outro ponto de destaque evidente é o fato de a *expertise* ser voltada para a área de alimentação e bebidas. Já a Cactus & Co desenvolveu uma metodologia chamada de Neurosciences-Design© para criação e elaboração dos seus serviços. A agência oferece serviços de criações gráficas, campanhas publicitárias, desenvolvimento de aplicativos, filmes e sites. É interessante observar como a agência traz o olhar e enfoque para o mercado da moda e da beleza. A agência possui também outra metodologia, myeasyapp©, baseada em técnicas avançadas de geolocalização para comunicação direcionada e relevante, oferecendo, ainda, aos clientes uma ferramenta desenhada para estabelecer e desenvolver a sua presença na internet. A agência possui clientes como Groupe France Télévisions, Nokia, Decathlon, GRDF, PMU e Azzaro, entre outros.

A agência 3 Colors Rule foi fundada por Flavilla Fongang, uma premiada empresária, palestrante internacional e também líder e especialista em *branding*. Sua vasta área de especialização também inclui aplicações em neurociência: *neurobranding*, neurodesign, neuromarketing ou inovação de marca. Flavilla, além de ser uma reconhecida especialista em estratégia de marca, também é especialista em psicologia da cor e multiempreendedora. No entanto, o site oficial da 3 Colors Rule não detalha ou explica mais sobre a metodologia.

Já a Octopi Neuro Design é uma agência inglesa situada na cidade de Cheltenham e em seu site oficial é possível verificar que possui clientes como Coca-Cola, Volkswagen, De Beers, Diageo, entre outros. A metodologia da Octopi baseia-se no Neuro Web Design, em que são analisadas as três divisões do cérebro: a nova, a média e a antiga. A parte nova do cérebro é descrita como a parte da área que considera o consciente e que processa a linguagem; já a parte média é descrita como a área que lida exclusivamente com as emoções, enquanto a parte antiga é responsável pela sobrevivência. A agência considera, ainda, que o novo cérebro determina onde o usuário irá clicar e quais elementos são considerados mais interessantes, um mix de decisão consciente e lógica, mas pondera a importância de avaliar a parte média e a antiga do cérebro. A agência reforça que a metodologia tem como objetivo garantir que o design de um site leve em consideração a ideia de que a mente inconsciente tem forte impacto no processo de tomada de decisão.

No Brasil, conforme pesquisas realizadas online nos sites de instituições como a Associação Brasileira de Empresas de Design (Abedesign) e a Associação Brasileira de Embalagem (Abre), foram encontradas apenas três agências de design e consultorias de marca que utilizam testes fisiológicos como parte da metodologia para criação de design: ACDI Neurobranding, DNA Hub e Narita Strategy & Design. A seguir, serão detalhadas as três agências e suas perspectivas sobre o neurodesign.

NEURODESIGN NAS EMBALAGENS

Para Calver (2009), a embalagem desempenha diferentes funções dentro de inúmeros setores varejistas e de toda uma diversidade de configurações para o varejo. Entretanto, conforme ressalta o autor, em um nível básico, porém, alguns aspectos nunca mudam, e é com eles que os designers de embalagem devem se preocupar. Esses aspectos, segundo a visão do autor, podem ser compreendidos como a "dinâmica da embalagem". Essa dinâmica é essencial porque reflete nas necessidades básicas dos consumidores que, quando confrontados com várias opções de produtos, tendem a recorrer à experiência de compra passada, somada ao *merchandising* visual e ao design da embalagem. Por isso, a diferenciação do produto é essencial e deve facilitar a seleção do produto certo, conforme o autor.

Na mesma visão, Pradeep (2012) descreve que ao analisar as respostas neurológicas à embalagem em uma variedade de lojas e em diversas categorias, constatam-se inúmeros pontos em comum e, a partir desse entendimento, as consultorias e agências estão buscando aplicar o neurodesign. Um exemplo é a Neurofocus, com sua Estrutura de Eficácia da Embalagem (EEE), que permite avaliar, do ponto de vista neurocientífico, os elementos-chave que fazem com que uma embalagem se destaque e represente da melhor maneira o produto em seu interior.

Para Pradeep (2012), os testes neurológicos na categoria de embalagens reforçam que o cérebro absorve completamente todo o mundo à sua volta, mas, além disso, é também responsável por captar e processar simultaneamente os mais íntimos detalhes. A embalagem corresponde à dualidade em que os seres humanos se encontram, no qual o cérebro absorve a embalagem como um todo, mas ao mesmo tempo a decompõe em elementos individuais e analisa cada um deles de modo independente e como parte do todo.

Pradeep (2012) alerta para o fato de que somente com mensuração com base em EEG do cérebro inteiro é possível captar o amplo espectro da atividade das ondas cerebrais, que ocorrem ao longo de múltiplas redes neurais. Essa estrutura é responsável por responder às três questões com as quais as marcas se deparam no lançamento de uma nova embalagem, conforme descreve o autor:

1) Será que o produto e a embalagem se destacarão na prateleira?

2) O consumidor escolherá o produto da marca a partir da embalagem?

3) Quando o consumidor irá utilizar o produto? Usará logo?

Para responder a essas questões, são aplicados os parâmetros descritos anteriormente, como a eficácia geral e novidade, intenção de compra e percepção, entendimento e imediatismo de consumo. Para melhor compreensão da eficácia da embalagem, são analisados os elementos individuais da Estrutura de Eficácia da Embalagem (EEE).

Iconografia e imagens

A escolha da imagem e da iconografia é o fator que exerce maior impacto no poder de destaque de uma embalagem no nível subconsciente, sendo capaz de criar um apelo emocional tremendo, além de ser responsável por criar o "oásis de emoções", quando a razão dá uma pausa e o consumidor inicia os pontos de referenciais emocionais.

Pradeep (2012) exemplifica que consumidores que assistiram ao comercial da marca antes de ir às compras, ao entrarem em contato com produtos, tendem a esses já vistos anteriormente. Isto se deve à familiaridade implícita, ou seja, utilizar imagens e iconografias que sejam familiares, mas ligadas às marcas, torna a embalagem ainda mais visível, destacando-a das demais. Outro ponto importante é em relação aos rostos, que, segundo o autor, faz com que o consumidor preste ainda mais atenção, já que os seres humanos carregam consigo a predisposição na qual o cérebro é biologicamente programado para procurar e identificar rostos. Outro fator de destaque são as imagens que remetem à origem do produto, por exemplo, nas caixas de leite gostamos de ver as vacas; no suco de laranja, a laranja, e em produtos de beleza, as flores e gotas de orvalho, como descreve o autor.

Segundo o autor, a Neurofocus constatou que a embalagem que se posiciona, identificando especialmente aspectos importantes da origem do produto, revela-se mais eficaz do que aquela que não transmite essa informação.

Estrutura da fonte

As fontes são capazes de trazer destaque ao produto, pois permitem que a identidade seja rapidamente decodificada. Um exemplo é a letra distintiva da Coca-Cola, que é capaz de expressar a marca de longe. Outro ponto importante é que as fontes aplicadas em excesso podem gerar confusão e acabam por desviar a atenção do consumidor, impedindo o seu envolvimento emocional com o produto. De acordo com Pradeep

(2012), a metodologia diagnosticou que, quando as marcas usam mais de dois tipos ou mais de três tamanhos de fonte nas embalagens, sofrem uma queda vertiginosa de eficácia em comparação às embalagens com menos tipos e tamanhos de fonte. A metodologia da Neurofocus identificou também que objetos, fontes ou palavras que parecem se dirigir da periferia para o centro do foco chamam mais a atenção, enquanto textos que criam a impressão de movimentar-se do centro rumo à periferia parecem estar se afastando e, por isso, não despertam tanto a atenção do consumidor.

Numerosidade

Basicamente, a fluência do processamento é afetada pelo número de grupos de objetos ou imagens exibidos. Conforme descreve Pradeep (2012), quanto menor for o número de imagens, maior será a fluência.

Disposição espacial

A embalagem influi no processamento do cérebro. Um exemplo relatado foi de colocar as imagens do lado esquerdo e as palavras do lado direito, para que o processamento seja melhor. Isso porque o lobo frontal esquerdo é especializado na interpretação da semântica, enquanto o lobo frontal direito é especializado no processamento de imagens e iconografia, fazendo com que essa disposição acelere o processamento e contribua para uma impressão emocional positiva. Pode-se afirmar que o diagnóstico da Neurofocus em relação à disposição espacial baseia-se na teoria do cérebro dividido e duplo de Sperry & Gazzaniga, em que o lado esquerdo é mais racional, enquanto o lado direito é mais intuitivo e criativo. Assim, o ideal é que as imagens e a iconografia fiquem localizadas à esquerda, enquanto as palavras e textos à direita.

Cores

São capazes de provocar uma reação emocional tácita à embalagem. Pradeep (2012) reflete que mesmo a iluminação das gôndolas afeta a eficácia das embalagens. É importante citar que o fator cultural é ponderado e incluso na metodologia, já que as diferenças culturais afetam as reações à cor de maneira significativa. A Neurofocus destaca que, ao realizar os estudos internacionais, foram descobertas correlações intrigantes entre as cores com fortes conotações culturais dentro de uma sociedade e as cores comuns da natureza ao redor dessa cultura.

O mesmo é defendido por Eva Heller (2012, p. 17) ao afirmar que "usar as cores de maneira bem direcionada significa poupar tempo e esforço". A autora também argumenta que os significados atribuídos às cores mudam de cultura para cultura. Conforme Heller, as cores mais preferidas e as menos apreciadas seriam são mostradas nas Figuras 4.6 e 4.7.

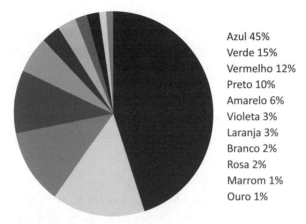

Figura 4.6 As cores preferidas.
Fonte: adaptada de Heller, 2012.

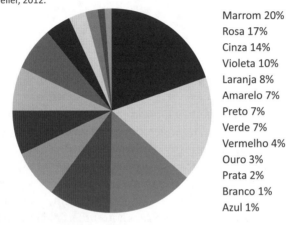

Figura 4.7 As cores menos apreciadas.
Fonte: adaptada de Heller, 2012.

É interessante pensar que a associação das cores com a emoção não é fruto de estudos recentes. Um exemplo são os testes de 1948, do psicólogo suíço Max Lüscher, que analisa e traça estruturas ocultas das personalidades das pessoas por meio de oito cartelas em azul, vermelho, verde, amarelo, violeta, cinza, marrom e preto.

Formato

Constatou-se que o formato, além de ser capaz de destacar a embalagem, é também um importante diferenciador dos elementos, como as curvas e principais contornos dos componentes do projeto. Pradeep (2012) observa que as embalagens que têm seu *shape* próprio, original e diferenciado, funcionam melhor do que as que não apresentam um formato exclusivo. Outro ponto a se considerar é que as embalagens mais fáceis de caberem nas mãos estimulam mais o consumidor, já que o sensorial contribui para o envolvimento emocional e a atenção.

Tamanho

A altura e as dimensões do produto têm profunda ligação subconsciente entre tamanho, valor percebido e aceitabilidade de preço. Assim, segundo Pradeep (2012), quanto maior for o preço pago por um produto, maior espera-se que seja a embalagem. Mesmo a embalagem cujo valor é representado pela sua "pequenez", espera-se que seja "grande" – aqui, o "grande" sendo remetido ao quesito de cuidado e exclusivo, como o mercado de joias, por exemplo.

Interação entre imagens e textos

A posição e a sobreposição dos textos sobre as imagens têm grande influência no impacto da embalagem. Foi diagnosticado pela Neurofocus que as palavras escritas sobre imagens de fundo interessantes têm respostas insatisfatórias, já que quando há textos importantes e relevantes sobrepondo-se a uma imagem interessante de fundo, o cérebro parece ignorar o texto em primeiro plano e se concentrar na imagem. Isto se deve ao fato de que o cérebro "vê" o texto como "algo que atrapalha" e tenta suprimi-lo. Testes realizados (parâmetros como atenção, eficácia e memória) demonstraram que os textos que atrapalham apresentam pouco retorno e fraco processamento na memória a eles associada.

Padrões de movimentos oculares

O movimento dos olhos ao percorrer a embalagem tem impacto sobre a sua preferência. Testes realizados pela Neurofocus constataram que é mais eficiente colocar imagens, textos e outros elementos de marca em um padrão que facilita naturalmente um caminho curvilíneo do olhar do que induzir um movimento estritamente linear ao longo da embalagem. Assim, deve-se alocar os elementos criativos em um padrão curvilíneo, fazendo com que a embalagem tenha maior eficiência. Essa mesma forma é vista na disposição dos elementos no sentido horário.

Revelação do produto

A revelação aqui deve ser compreendida no sentido sensorial, no sentido de o produto poder ser visto ou sentido através da embalagem (visão, sabor, cheiro ou tato). As embalagens que possibilitam interação sensorial com o produto tiveram desempenho mais uniforme, na visão de Pradeep (2012), em decorrência dos testes realizados pela Neurofocus.

Interação com o corredor

É importante considerar a relação das embalagens com o entorno – aqui deve-se compreender no sentido dos materiais complementares de exposição, como os *displays wobblers* e bandeirolas. Isso se deve ao fato de que a embalagem estabelece essa conexão de modo significativo, ou seja, embalagens com *displays* e materiais de comunicação reforçam e estabelecem uma conexão maior do que os produtos que não os tiverem.

Congruência da mensagem

A embalagem deve transmitir a essência do produto e da marca para o consumidor por meio de uma declaração explícita com palavras. A Neurofocus, conforme descreve Pradeep (2012), utiliza elementos-chave da Estrutura de Essência da Marca para reforçar a mensagem e congruência. É vital que a embalagem tenha uma correspondência bastante significativa com os sentimentos, valores, benefícios e metáforas.

CAPÍTULO 5
Neurofisiologia aplicada à moda

Uma interface da moda que tem crescido e vem apostando no uso das tecnologias é a moda interativa, ou seja, a criação de roupas que apostam em interação, assim como a aplicação de uso de *gadgets*, reforçando o apelo sensorial que as roupas e os acessórios de moda podem ter. Outra interface que também se aplica aos conceitos da neurociência na produção de moda é a moda biométrica, que é composta de roupas inteligentes.

Segundo o site Wareable,[1] as roupas inteligentes podem acompanhar constantemente a frequência cardíaca, monitorar as emoções e até pagar pelo café da manhã – tudo sem pegar o telefone ou tocar na tela do *smartwatch*. O site descreve alguns produtos, como as calças de ioga da marca Nadi X, que vêm com vibrações hápticas[2] internas, que pulsam suavemente nos quadris, joelhos e tornozelos para encorajá-lo a mover e/ou manter posições. Na matéria da Wareable, encontramos outros exemplos, como a jaqueta Computer Trucker, da Levis, a primeira peça de roupa conectada a ser lançada na plataforma Project Jacquard, do Google, e a camisa inteligente da Ambiotex, que, com a ajuda dos sensores integrados na roupa, juntamente com a caixa de encaixe para gravar os dados, mede a variabilidade da frequência cardíaca, seu limiar anaeróbico, bem como os níveis de condicionamento físico e de estresse.

---

[1] https://www.wareable.com/smart-clothing/best-smart-clothing.

[2] O adjetivo háptico significa "relativo ao tato", "sinônimo de tátil", e é proveniente do grego *háptikos*. A ciência do toque se dedica a estudar e a simular a pressão, a textura, a vibração e outras sensações biológicas relacionadas com o toque.

Esses exemplos servem para sinalizar como a moda está aberta às inovações da tecnologia e também atenta para responder aos anseios do consumidor por meio da tecnologia e avançar na compreensão do comportamento do consumidor. Outro exemplo interessante que pode ser vinculado, de certa forma, ao neurodesign é o uso do *eyetracking* para avaliação dos modelos e peças de vestuário via site ou loja física. Esses tipos de análises realizadas via *eyetracker* vem sendo capaz de alterar a dinâmica de exposição e criação dos produtos de moda.

O estudo realizado pela Mickey Xiong,[3] que utilizou o rastreamento ocular em uma experiência de compra na loja Winners, extraiu os principais pontos de relevância e *insights* na localização dos produtos desejados a partir da análise, como mais um exemplo do uso da neurofisiologia na moda.

Vale ressaltar que há várias pesquisas sendo realizadas no sentido de compreender o uso do *eyetracking* como parte importante para a compreensão e a produção de moda. São exemplos de *papers* que trazem pesquisas que relacionam o uso do *eyetracking* com a moda os artigos de Ju e Jonhson, 2010; Amatulli et al., 2016 e Kim; Song; Jang, 2017.

Ju e Jonhson (2010), em seu artigo "Fashion advertisements and young women: determining visual attention using eye tracking", por exemplo, buscaram investigar como mulheres jovens assistiam visualmente a um anúncio de moda medindo os movimentos oculares de 80 participantes e examinando se as características pessoais influenciavam as diferenças individuais nos movimentos oculares e nos autorrelatos de comparação social. Já Kim, Song Jang (2017), na pesquisa "Comparison of eye movement and fit rating criteria in judging pants fit between experts and novices: using eye tracking technology", analisaram, por meio do *eyetracking*, o caimento das roupas, em especial da calça, cujo objetivo central foi fornecer dados práticos disponíveis para o ensino de modelagem, distinguindo as diferenças nos padrões e aspectos do ajuste de vestimentas entre especialistas e novatos, por meio da tecnologia de rastreamento ocular para quantificar o ajuste.

Segundo Kim, Song e Jang (2017), na indústria de roupas faltam especialistas, incluindo designers técnicos, que possam analisar o caimento das roupas. Para o estudo, as autoras organizaram dois grupos; um de sete especialistas com mais de quinze anos de experiência, incluindo designers técnicos e modelistas, e o outro de sete novatos estudantes de graduação em vestuário. Foi utilizado o rastreador ocular do tipo óculos Tobii Pro Glasses 2, no qual os participantes dos experimentos foram obrigados a realizar análises de ajuste para um par de calças em um modelo vivo.

Como resultado, as pesquisadoras chegaram à conclusão de que os especialistas se concentram na linha central da frente e de trás, na área da virilha, enquanto outros pontos importantes da calça estavam dispersos e sem atenção. Ou seja, essa pesquisa sinaliza que o uso do *eyetracking* pode aperfeiçoar a criação da modelagem e pode ser inserido como parte do processo de elaboração do vestuário. Na Figura 5.1, é possível

---

3   Disponível em: https://www.mickeyxiong.com/work/winners-eye-tracking.

verificar os resultados do *eyetracking* com o *heat map*, destacando as áreas de maior visibilidade durante a prova de modelagem da calça.

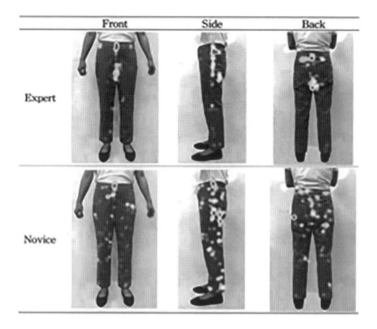

Figura 5.1 O mapa de calor dos *experts versus* dos estudantes.
Fonte: Kim, Song e Jang, 2017.

Já Amatulli et al. (2016), no artigo "'Mix-and-match' fashion trend and luxury brand recognition: an empirical test using eye-tracking", aplicaram um teste empírico pelo rastreamento ocular para avaliar o reconhecimento das marcas de luxo de moda e o efeito que se tem em misturar com as marcas de massa, como as marcas de *fast-fashion*. A pesquisa concluiu que as marcas de luxo são especialmente reconhecidas pelos seus acessórios, além de outras descobertas interessantes em relação à percepção dos consumidores quando há a inserção de uma marca de luxo em proximidade com as marcas de massa.

Outro exemplo da inserção da neurociência na moda é o *case* da marca japonesa Uniqlo,[4] que em 2005 lançou a UMood (Figura 5.2), tecnologia de detecção de ondas cerebrais baseada em algoritmo que auxilia os clientes a encontrarem sua camiseta perfeita dentre os 600 estilos disponíveis da marca, a partir do diagnóstico do estado emocional do consumidor.

---

[4] Disponível em: https://www.uniqlo.com/au/store/umoo.

Figura 5.2 UMood, tecnologia da UNIQLO que detecta o emocional do cliente para auxiliar na escolha dos produtos da marca.
Fonte: This is Retail Website. Disponível em: https://thisisretail.com.au/wp-content/uplods/2015/10/20151007_075926.jp4

CAPÍTULO 6
Mercado da beleza: solo fértil para o neurodesign

Products are made in the factory, but brands are created in the mind.

(Landor, 2003, p. 28)

Seguindo a mesma lógica dos capítulos anteriores, antes de abordar o mercado da beleza, é necessário traçar uma cronologia para contextualizar conceitos importantes, necessários à reflexão, e motivos pelos quais o mercado da beleza é um solo tão fértil para o *neurodesign*.

Os padrões de beleza sofreram mudanças significativas ao longo da história, a efemeridade da beleza é similar à própria moda, ou seja, o que é belo e está na moda hoje provavelmente não o será mais no dia seguinte. O desejo de estar na moda e ser belo são alguns dos anseios do ser humano e isto não é mérito da sociedade contemporânea.

Eco (2004) reforça que a busca pela beleza e pela perfeição sempre esteve presente nas ações da humanidade. A própria dinâmica da novidade e da inovação imposta pela moda faz com que a indústria de cosméticos não pare de crescer. O anseio pela magreza, pela juventude e pela simetria ainda ditam alguns preceitos estéticos enraizados nos ideais atuais. Muito se deve à herança cultural, mas principalmente social, que as mulheres vivenciaram e ainda vivenciam.

É válido citar que diante dos padrões existentes do belo, construídos ao longo da história, geraram a ciência da beleza, e até mesmo um conceito de que a beleza pode, sim, ser matemática.

CRONOLOGIA DA BELEZA

Fonseca (2013) afirma que durante muitos séculos a beleza foi demonstrada por meio das pinturas e das esculturas. De acordo com Eco (2010, p. 20, *apud* Fonseca, 2013, p. 58), na antiga Grécia, "a beleza era associada a outros valores, como a medida e a conveniência. Um exemplo é Afrodite, que foi retratada por vários pintores nos séculos XIV e XV, quando se referiam a ela como a Vênus do Amor". Fonseca reforça que o belo é o que atrai o olhar.

Outro ponto a ressaltar foi também o papel do corpo na percepção de caráter. Um exemplo disso foi a época de Homero, quando o corpo humano assumiu papéis que fizeram com que a beleza fosse vista através de qualidades da alma e o caráter. Fonseca (2013, p. 58) destaca que, segundo a mitologia escrita nos templos de Delfos, "o mais justo é o mais belo". Assim, toda forma de beleza retratada nos séculos antes de Cristo mostra as esculturas de corpos em formas estáticas, com expressões psicofísicas que harmonizam a alma e o corpo, demonstrando a beleza nas formas da bondade da alma. A autora destaca que, nessa época, também surgiram as teorias relacionadas à beleza como harmonia e proporção e à beleza como esplendor.

É importante destacar que Pitágoras (569 a.C. – 475 a.C.) já sugeria um olhar mais matemático e racional acerca da beleza. Fonseca (2013) revela que Pitágoras, no século VI a.C., já defendia a importância da harmonia e da proporção e sustentava que o número é o princípio de todas as coisas, e que precisa refletir uma ordem, pois é uma condição da existência da beleza.

Fonseca explica que Pitágoras já relativizava quanto à proporção e defendia que a beleza necessita ter uma proporção numérica no corpo, ou seja, que as esculturas devem ter as mesmas proporções em ambos os lados, com uma simetria distribuída em toda a obra. Aqui, pode-se traçar um paralelo com a neuroestética e com a própria ciência cognitiva da arte.

BELEZA MEDIEVAL

A autora explicita que na Idade Média as proporções não são mais aplicadas nas avaliações do corpo, reforçando que a cultura medieval se volta mais para a ideia platônica de que o homem é como o mundo, sendo o cosmo um grande homem e o homem, um pequeno cosmo. Baseia-se, assim, na teoria do quadrado, na qual encontramos quatro pontos cardeais, quatro fases da lua, quatro estações do ano e também o número do homem, pois a largura de braços abertos corresponde a sua altura. Assim, segundo a autora, o homem moralmente correto será chamado de tetrágono e de pentágono, quando acrescido de um que significara a perfeição mística, estética, que se referenciara a Deus.

Vigarello (2006, *apud* Fonseca, 2013, p. 59) relata que, a partir do século XV, a beleza passa a ter relevos, formas, cores, espessuras e contornos arredondados e a mulher é retratada em quadros, valorizando o seu rosto, seu olhar e o colo. Conforme Fonseca (2013), essa forma modificou a estrutura de corpo da mulher do século XIII, pois na época ela deveria ter a "magreza do ventre", rosto simétrico e branco, seios bem assinalados e corpos apertados, características que passam a predominar entre os séculos XV e XVI. As formas do corpo feminino acabaram ganhando mais contorno, porém havia a exigência do equilíbrio entre a magreza e a gordura (Figura 6.1).

Figura 6.1 Pintura da Imperatriz do Sacro Império Romano Germânico que ilustra o padrão de beleza medieval, realizada em 1493.
Fonte: https://www.aurora-euproject.eu/a-princess-too-fine-to-be-real-la-bella-principessa-by-leonardo-da-vinci/. Acesso em: 29 jan. 2024.

Já no Renascimento, conforme Vigarello (2006), alguns artistas dedicam-se a pesquisar a existência de uma "divina proporção" na beleza. Leonardo da Vinci retornava às proporções do número e inscrevia o corpo humano em um círculo ou em um quadrado, onde o centro era sempre o umbigo.

A altura da cabeça, por exemplo, "deve" ser equivalente a um oitavo da altura do conjunto, ou a unidade da face (entre testa e o queixo) "deve" sempre corresponder a três unidades para o tronco, duas para as coxas, duas para as panturrilhas (Vigarello, 2006, p. 35).

Um exemplo é o desenho de Leonardo da Vinci (1452-1519), *O homem vitruviano*, produzido em 1490, durante o Renascimento, que representava o ideal clássico de beleza, equilíbrio, harmonia das formas e perfeição das proporções (Figura 6.2).

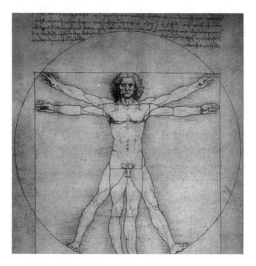

Figura 6.2 *O homem vitruviano*, de Leonardo da Vinci, 1490.
Fonte: https://issoeunaosabia.files.wordpress.com/2011/11/homemvitruviano2.jpg?w=584. Acesso em: 29 jan. 2024.

Segundo Fonseca (2013), o início do uso dos cosméticos, em especial da maquiagem, indica que as mulheres da corte, *a priori*, rejeitavam a maquiagem por ter uma conotação mundana e impura na época. Entretanto, mais tarde, a maquiagem passa a ser permitida, desde que utilizadas com finalidade honesta, ou para casar, já que, na época, os produtos utilizados eram considerados muito tóxicos.

BELEZA BARROCA

Um ponto interessante é como o quesito da magreza começava a se acentuar nesse período. Fonseca (2013) relata que já na corte as mulheres utilizavam diversas receitas para manter seus corpos magros e muitas vezes usavam substâncias para provocar a desidratação. A autora destaca como a moda começa a ser instrumento para atingir um corpo mais esbelto: exemplo disso é visto no século XVII, quando os vestidos ganham uma estrutura nos quadris em forma de arco, utilizando tecidos engomados. As pernas tornam-se mais longas e as costas mais lisas, às vezes, mais largas que a cintura.

O espartilho ou *corselete*, que surgiu por volta do século XVI na Inglaterra, foi criado com o intuito de manter a postura e dar suporte aos seios. Aqui é interessante traçar um paralelo com a cinta modeladora utilizada nos dias atuais, que retomam a ideia de modelar e ajustar o corpo (Figura 6.3). Também vale enfatizar que a beleza e a moda assumem a mesma característica, ou seja, são cíclicas, podendo ir e voltar, o que é belo hoje pode não ser amanhã, mas pode voltar a ser no futuro próximo ou distante.

Figura 6.3 Uso de *corseletes* na antiguidade e nos dias atuais.
Fonte: adaptada de https://cdn.awsli.com.br/583/583644/arquivos/@universodascintas%20(21).jpg e https://www.manequim.com.br/wp-content/uploads/2022/08/Pinterest-corset.jpg. Acesso em: 11 jan. 2024.

Segundo Vigarello (2006), em consonância com os filósofos Senault[1] e Descartes[2] a pessoa passa a ter o desejo de conquistar beleza e a vê como grande aliada, conforme descrito:

As conferências de Charles *Le Brun* na academia de pintura e escultura, em 1678, confirmam esse interesse. O pintor real focaliza o conjunto da expressão das paixões sobre o lugar dos olhos: as paixões "atrozes e vis" levariam o olhar a fugir da luz e a se abaixar para se ocultar e se resguardar; as paixões grandes e nobres o conduziriam a buscar essa

---

[1] Jean François Senault (1599-1672) foi um filósofo francês. Autor de *De l'usage des passions*, defendia a ideia de que o ser humano está inevitavelmente sujeito às paixões e por isso deve aprender a experimentá-las, de modo a preservar seu bem-estar físico e espiritual.
[2] René Descartes (1596-1650), filósofo, físico e matemático francês, objetivava em construir uma ciência universal com caráter de verdade necessária. Para isso, ele criou um método, baseado em procedimentos matemáticos e geométricos, até hoje utilizados. É o idealizador do racionalismo e da filosofia moderna.

luz e a se elevar; as paixões doces o conduziram à horizontalidade. O estudo se pretende sábio, o olho é bem comandado aqui pelo que vem do "interior": ângulos e triângulos são alceados nas cabeças das estátuas antigas, promovidas a modelos. [...] Todo cálculo do pintor real considera o jogo das sobrancelhas, o franzido dos olhos, sua horizontalidade, sua inclinação no perfil para melhor distinguir a beleza daquilo que não é beleza (Vigarello, 2006, p. 56).

BELEZA MODERNA

Para Fonseca (2013), a partir do século XVIII a estética passou por uma mudança em que a aparência física ganha um olhar de maior leveza, no qual a mulher aparece com uma amplidão dos quadris e alargamento dos flancos. Os espartilhos de ferro e de espátulas de madeira foram substituídos por panos e feltros, deixando a cintura mais fina; a armadura das ancas deu lugar a arcos em volta do corpo, porém deixa transparecer mais as formas femininas. As mulheres ganham mais curvas com o prolongamento do arqueamento lombar, sem alargar os quadris para o lado.

Já em 1880, os vestidos estão mais justos, colantes, e as anquinhas vão embora, deixando o corpete e as túnicas de seda coladas ao corpo, bem apertadas. Fonseca pontua que graças à ausência dos espartilhos, as mulheres tendem a seguir padrões estéticos mais esbeltos. A mulher tem seu corpo não mais controlado pelo peso, mas pelas medidas. A mulher gorda passa a ser esbelta e, de pesada, a elegante, graças aos regimes regulares.

BELEZA CONTEMPORÂNEA

De acordo com Fonseca (2013), a partir de 1910, começam a surgir os primeiros institutos de beleza, como o de Helena Rubinstein, o primeiro ofício de esteticista e as cirurgias estéticas, que começam a vislumbrar mudanças e retoques de transformações corporais. Ainda de acordo com a autora, em torno de 1920 a moda dos cabelos curtos surge com entusiasmo, pois mostra a liberdade feminina e uma opção de padrão de beleza, à qual a cabeleira dava um aspecto pesado e embaraçador.

Em seguida, em 1930, a beleza feminina passa a ser conectada a músculos mais visíveis e elásticos, e tem como exemplos as atrizes Greta Garbo, Muriel Evans e Joan Blondell, personificando o ideal de beleza daquela época. Surge o conceito de *sex symbol*, período em que a belíssima Marlene Dietrich incorporou todos os predicados de símbolo sexual.

Já no final da Segunda Guerra Mundial, Fonseca cita que a mulher ganhou mais uma visão, não ignorada, mas promovida a esposa e mãe. Com a visão mais maternal, o padrão de beleza passa a ser a mulher com quadris mais largos, busto mais avantajado, e logo os anos loucos de controle dietético diminuem.

Verifica-se que, ao longo da história, o padrão de beleza foi sendo alterado e reconfigurado, ora a mulher era mais magra e esbelta, ora com mais curvas, em cada momento um biótipo era eleito o corpo ideal da vez, com a influência da mídia, dos ícones da música, da arte e da moda (Figura 6.4).

Figura 6.4 Cronologia do padrão de beleza na história.
Fonte: adaptada do site Significados. Disponível em: https://www.significados.com.br/foto/padrao-de-beleza.png. Acesso em: 11 jul. 2020.

Vigarello (2006, *apud* Fonseca, 2013) ressalta que nos anos 1950 e 1960 a beleza era vendida como uma espécie de mercadoria e destaca Brigitte Bardot como a musa escolhida dessas décadas, já que todas as mulheres tendiam a imitá-la em sua liberdade de expressão e ousadia.

Fonseca (2013) diz que, nos anos 1970, a vestimenta da mulher ganhou um ar mais descontraído e os cabelos ganharam mais volume, ficando mais crespos e afro. Na moda, as mulheres passaram a usar calças compridas "boca de sino", jaquetas e roupas mais largas.

A autora acrescenta que, na década de 1980, houve uma revolução repleta de exageros, com o uso da maquiagem em excesso, o culto ao corpo, o início de suplementos vitamínicos e o surgimento da ginástica aeróbica, que era propagada com intuito de auxiliar no emagrecimento. Essa grande mudança permeou décadas entre 1990 até

2000, período em que o padrão de beleza eleito era a magreza, quase chegando ao anoréxico. As musas da vez eram as modelos da passarela.

Vale destacar o comentário de Novaes (2005 *apud* Fonseca, 2013, p. 62):

> Como todo culto, como toda moda, o impacto da moda do culto ao corpo sobre a sociedade só pode ser detectado a partir da compreensão da maneira como seus ditames são interpretados pelos indivíduos que, no interior de diferentes grupos sociais, lhes emprestam significados próprios. Como aponta Strozemberg (1986) o receptor nunca recebe passivamente uma mensagem, mas sempre, necessariamente, a interpreta e elabora, na medida em que toda a decodificação é uma leitura. A experiência do corpo é sempre modificada pela experiência da cultura (Novaes, 2005, p. 10).

CRONOLOGIA DO MERCADO DE COSMÉTICOS

Calembeck e Csordas (2015) descrevem cosméticos como substâncias, misturas ou formulações usadas para melhorar ou para proteger a aparência ou o odor do corpo humano. Segundo os autores, no passado, os cosméticos tinham o principal objetivo de disfarçar defeitos físicos, sujeira e mau cheiro. Com a mudança dos hábitos de limpeza e cuidado pessoal, seu uso hoje é muito mais difundido e diferente do que ocorria, por exemplo, nas cortes europeias do século XVIII.

Os autores reforçam que os cosméticos são percebidos de diferentes maneiras, em diferentes países, e contextualizam que a palavra cosmético deriva da palavra grega *kosmetikós*, que significa "hábil em adornar". Conforme explicam os autores, existem evidências arqueológicas do uso de cosméticos para embelezamento e higiene pessoal desde 4.000 anos antes de Cristo, comprovando que a beleza desperta interesse e faz parte do cotidiano da sociedade há muito tempo.

Os primeiros registros tratam dos egípcios, que pintavam os olhos com sais de antimônio para evitar a contemplação direta do deus Ra, representado pelo sol. Para proteger sua pele das altas temperaturas e da secura do clima desértico da região, os egípcios recorriam a gordura animal e vegetal, cera de abelhas, mel e leite no preparo de cremes para a pele. Outro exemplo é o da rainha Cleópatra, que, segundo registros de historiadores romanos, frequentemente se banhava com leite para manter pele e cabelos hidratados.

Calembeck e Csordas (2015) relatam que na própria Bíblia há indícios do uso de cosméticos pelos israelitas e por outros povos do antigo Oriente Médio, como a pintura dos cílios (de Jezebel), com um produto à base de carvão, os tratamentos de beleza e banhos com bálsamos, que Ester tomava para amaciar sua pele, e a lavagem com vários perfumes e óleos de banho dos pés de Jesus, por Maria, irmã de Lázaro.

Conforme descrevem os autores, foram gregos e romanos os primeiros a produzir sabões, a partir do preparo de extratos vegetais, muito comuns no Mediterrâneo, como o azeite de oliva e o óleo de pinho, e também a partir de minerais alcalinos obtidos a partir da moagem de rochas. Outro exemplo na História são os atores do teatro romano que eram grandes usuários de maquiagem, que utilizavam para poder incorporar diferentes personagens ao seu repertório.

COSMÉTICOS NA IDADE MÉDIA

Conforme Calembeck e Csordas (2015), no século X os cabelos eram lavados não com água, mas com misturas de ervas e argilas, que limpavam, matavam piolhos e combatiam outras infestações do couro cabeludo. O mesmo em relação a não lavar os cabelos é descrito no século XIII, já que, com a epidemia da peste negra, os banhos foram proibidos, pois a medicina da época e o radicalismo religioso pregavam que a água quente, ao abrir os poros, permitia a entrada da peste no corpo.

Os autores destacam que durante os 400 anos seguintes, os europeus evitaram os banhos e a água, a qual era somente usada para matar a sede. Lavar o corpo completo, por exemplo, era considerado um sacrilégio e o banho era associado a práticas lascivas. Por isso, mãos, rosto e partes íntimas eram limpas com pastas ou com perfumes, e as práticas de higiene eram mínimas, o que muito contribuiu para o crescimento do uso da maquiagem e dos perfumes.

COSMÉTICOS NA IDADE MODERNA E CONTEMPORÂNEA

O avanço dos cosméticos e o reconhecimento do benefício da higiene pessoal são descritos pelos autores com crescimento ao longo do século XIX, quando as mulheres fabricavam seus próprios cosméticos em casa, utilizando ingredientes do dia a dia e até mesmo de uso culinário, como limonadas, leite e creme de pepino (Calembeck e Csordas, 2015).

Segundo os autores, o contato com os indígenas da América (por parte dos europeus), que tinham cultura profundamente associada ao banho e à higiene, fizeram com que os europeus voltassem a glorificar a natureza do banho como um ato saudável. Foi nessa mesma época, em 1878, que surgiu o primeiro sabonete da empresa Procter & Gamble. Durante todo o século XX, a indústria de cosméticos prosperou e aumentou muito sua atuação. Michèle Fitoussi relata em sua obra *A mulher que inventou a beleza: a vida de Helena Rubinstein* (2013) a chegada do primeiro salão de beleza do mundo, A Casa de Beleza Valaze, em Londres, idealizado por Helena Rubinstein.[3]

Outro importante marco na indústria da beleza, em especial para o avanço da maquiagem, é descrito pelos autores, em 1921, quando pela primeira vez o batom foi embalado em um tubo e vendido em cartucho para as consumidoras (Figura 6.5). Os

---

[3] Helena Rubinstein (1870-1965) era cosmetóloga e foi responsável por inúmeras inovações da época, algumas delas permanentes até hoje, como a criação da embalagem de máscara de cílios. A marca criada com mesmo nome foi vendida ao grupo L'Oréal em 1988.

autores destacam também as inovações, como desodorantes em tubos, produtos químicos para ondulação dos cabelos, xampus sem sabão, laquês em aerossol, tinturas menos tóxicas e pastas de dente com flúor.

Figura 6.5 O primeiro tubo giratório, patenteado por James Bruce Mason Jr. em 1923.
Fonte: Universo Retrô. Disponível em: https://universoretro.com.br/wp-content/uploads/2017/05/primeiro-batom-comercializado.jpg. Acesso em: 11 jul. 2020.

A INDÚSTRIA DE COSMÉTICOS NO BRASIL

Em sua obra *A história da beleza no Brasil*, Denise de Sant'Anna[4] (2014) menciona que, antes da Proclamação da República, a beleza já era vendida em forma de pós, perucas, perfumes, além de roupas e joias. Segundo a autora, os alfaiates existiam desde o século XVI e também serviam como cabeleireiros, enquanto as costureiras formavam um ofício feminino importante, e suas clientes compravam os tecidos em lojas de fazendas e armarinhos localizados, em geral, na parte central das cidades.

Mais tarde, quando apareceram as revistas ilustradas, alguns desses estabelecimentos comerciais foram anunciados pela propaganda impressa, assim como a venda de loções perfumadas para a pele, sabonetes e tinturas. A difusão das fotografias acentuou a importância da aparência física, enquanto a paulatina banalização dos espelhos fez da contemplação de si mesmo uma necessidade diária, apurando o apreço e também o desgosto pela própria silhueta. A imprensa divulgava alguns artigos sobre *"a belleza"*, contribuindo para que os leitores pensassem a respeito de seus dotes físicos e aprendessem a valorizá-los (Sant'Anna, 2014).

---

[4] Denise Bernuzzi de Sant'Anna é professora livre-docente de História da PUC-SP e especialista na história do corpo. Trabalha com temas relacionados a história urbana, da higiene, da saúde e das emoções, em especial no período dos séculos XIX e XX. Além de liderar o grupo de pesquisa *A condição corporal*. Fonte: Currículo Lattes.

Mercado da beleza: solo fértil para o neurodesign

Sant'Anna aponta que o brasileiro tentava imitar a moda europeia, entretanto, devido às condições climáticas do Brasil, era impossível reproduzir com êxito e "segundo observadores da época, podia-se ver em cada face feminina os sulcos de pós empastados, uma verdadeira carta fluvial" (Sant'Anna, 2014). Outro ponto importante a destacar é a influência que a moda francesa exercia no vestuário e penteado das jovens que pertenciam às famílias ricas; nas obras literárias da época é possível encontrar vestígios dessa influência, como em diversos romances de Machado de Assis.

Da mesma forma, os cosméticos sofreram grande influência estrangeira e nas grandes capitais, como São Paulo, já era possível encontrar pó de arroz, perfumes ingleses, águas-de-colônia e sabonetes, considerados extrafinos e que faziam sucesso na época. A Casa Garraux foi uma importante importadora de produtos de beleza que vinham da França. Na mesma época, por volta de 1870, houve um aumento da abertura de salões de beleza e perfumarias, e nesta época as famílias mais abastadas já possuíam banheiras e lavatórios com espelhos e mármores.

É importante citar que nesse mesmo período iniciou-se a produção de produtos de beleza no Brasil, e os fabricantes recorriam às receitas caseiras. Um exemplo disso foi a dona Teresa Alfaque, conhecida como Sinhá Teresa Paneleira, que além de vender panelas de barro ficou conhecida por fabricar banha para o cabelo.

Sant'Anna (2014) afirma que o século XIX beneficiou-se de uma confiança crescente, atribuída ao corpo limpo e saudável. Entretanto, no Brasil, o gosto por cuidar do corpo, assim como a construção da privacidade, de inspiração burguesa, teve matizes próprias, já que mesmo nas grandes cidades a água encanada manteve-se durante muito tempo um benefício de poucos, e não um conforto para muitos.

Conforme Sant'Anna, o rosto, o cabelo, o pescoço e o colo feminino concentravam os indícios da beleza ou da sua falta, e para melhorar o aspecto da face, as receitas caseiras abarcavam desde pastas feitas com pepino, morango e alface até o uso de "pós de arroz falsificados". Ou seja, durante bastante tempo não existia um jeito mais industrial de fabricar produtos de beleza, tudo era muito artesanal e caseiro.

Outro ponto importante a destacar é o atraso do uso da maquiagem pela brasileira, "mesmo com a emergência de modas favoráveis ao uso da maquiagem, pintar o rosto permaneceria um gesto duvidoso, sujeito a reprovações". A autora destaca que na época, para muitas famílias, o carmim e o batom sugeriam o deboche. O rosto "pintado" lembrava um reboco destinado a esconder uma falha do caráter ou alguma imperfeição da alma. Rondava na época o espectro da "mulher fácil", que permeava as desconfianças masculinas e femininas.

Entretanto, o preconceito com a maquiagem não era somente brasileiro. Ao redor do mundo, a maquiagem estava vinculada ao supérfluo, enquanto a higiene era associada à ordem e à necessidade. Contudo, essa superficialidade foi ignorada e a beleza, produzida pelos cremes e pelas maquiagens, foi mostrando uma imagem essencial criada por produtos fabricados por Helena Rubinstein e Elisabeth Arden, que trouxeram um novo olhar, o tratamento da pele que não se tratava simplesmente de cobrir imperfeições. Arden foi responsável por propagar os três gestos estéticos – limpar, tonificar e hidratar a cútis antes da maquiagem, complementa Sant'Anna (2014).

A partir dos anos 1930, começam a entrar no mercado brasileiro as tintas de cabelo. A partir de 1928, algumas técnicas norte-americanas chegaram ao Brasil por meio da empresa General Motors e, a seguir, a Lever Internacional Advertising Service (Lintas) estabeleceu-se no país. Sant'Anna (2014, p. 18) complementa que os ideais de juventude e beleza, divulgados nos anúncios, ganharam maiores distâncias em relação às concepções existentes sobre os cuidados com o corpo desde o século XIX, e acrescenta que "juntamente com a modernização da propaganda, a moda feminina dos 'cabelos à *la garçonne*' e de aparência salpicada por alguma androginia assustava muitos brasileiros, mas também atraía outros" (Sant'Anna, 2014, p. 18).

Um marco significativo foi quando a firma Niasi & Cia estabeleceu-se em São Paulo, com a chegada de uma máquina, parecida com um "panelão", cheio de fios e pegadores nas pontas, assim como a icônica loja de departamento, Mappin, em São Paulo, que oferecia inúmeros serviços e produtos para a beleza. Um exemplo é o catálogo de 1925, que trazia propaganda de cremes, loções, gotas brilhantes para os olhos, pó de arroz, sabonetes importados, lápis de sobrancelhas, *rouges* Elektra e Coty, água de colônia e esponjas finamente ornadas.

O consumo da beleza começou a chegar em outras importantes capitais do Brasil. Um exemplo foi em Belém, com a importação dos sabonetes ingleses Pearsoap pelas famílias mais ricas. Nessa mesma época, um grupo de imigrantes portugueses criaram no Brasil um sabonete parecido, chamado Phebo. Em seguida, surgiu no Rio de Janeiro, em 1919, a criação da Perfumaria Lopes, que fora considerada uma marca importante no setor de produtos embelezadores, enquanto no mesmo ano a Rodhia estabeleceu-se no Brasil e fabricou os primeiros lança-perfumes, utilizados no carnaval de 1922. Em 1935, a Rodhia, por meio da Valisère, iniciou a fabricação de lingerie, "só preta, como era devido", descreve Sant'Anna (2014).

Nos anos 1950, por meio das políticas de incentivo, empresas multinacionais gigantescas, como a americana Avon e a francesa L'Oréal, começaram a se estabelecer no Brasil. A Avon foi uma das pioneiras em lançar a venda direta. A maquiagem básica, que antes era somente pó de arroz e batom, foi se diversificando e se sofisticando, segundo Calembeck e Csordas (2015, p. 6). Os autores descrevem também que o aparecimento do efeito prometido na bula diminui de 30 dias para menos de 24 horas, assim como o surgimento dos cosméticos multifuncionais, como batons com protetor solar e hidratantes anti-idade.

No início do século XXI, segundo Calembeck e Csordas (2015), os alfa-hidroxiácidos, utilizados em cremes para renovar a pele, começam a ser substituídos por enzimas mais eficazes. Outra tendência descrita foi a descoberta de novas matérias-primas contendo várias funções. No momento atual, as pesquisas avançam na direção da manipulação genética para melhorar a estética.

MERCADO DA BELEZA: SOLO FÉRTIL PARA O NEURODESIGN

Após o breve histórico de cosméticos no Brasil e no mundo, é importante destacar que a posição da mulher e suas conquistas, entre elas, o trabalho fora de casa, o direito ao voto, a revolução sexual, o uso da pílula anticoncepcional, entre outras, influenciou diretamente a indústria da beleza. Entretanto, é incontestável que o conceito de beleza e os padrões estéticos ditaram o consumo de beleza, o qual era de certa forma imposta ora pela sociedade ora pela mídia. Atualmente esse conceito tem sido transformado e pode-se observar uma verdadeira revolução.

O empoderamento feminino atual, representado pela quarta onda do feminismo[5] demonstra um anseio por uma proposta de beleza diferente, mais emocional, ou seja, de dentro para fora e não da forma como a indústria de beleza vinha se posicionando. Os cosméticos, que eram um "disfarçador", ou uma espécie de transformador de mulher feia em bonita, vêm sendo colocados em xeque. Marcas que iniciaram um discurso mais feminista e até mesmo mais inclusivo, no qual a beleza é uma fonte de confiança e acessível a todas as mulheres, estão ganhando cada vez mais expressão e, consequentemente, maior faturamento.

A marca Dove, da Unilever, foi uma das pioneiras em enfatizar que toda mulher é bonita, em 2007, por meio da campanha Dove Real Beleza. A campanha foi idealizada em 2002, pela diretora de marca global, Silvia Langado, que liderou uma investigação mundial da reação das mulheres diante da iconografia da indústria da beleza e concluiu que as mulheres sentiam um profundo descontentamento com o perfil universal da "jovem, loira e magra" e até mesmo insultadas diante desse padrão imposto. A marca fez vários testes e campanhas antes de chegar a essa icônica campanha, posicionando a marca com a missão de fazer as mulheres sentirem-se bonitas como verdadeiramente são.

O *case* da Dove sinaliza uma mudança na dinâmica, em que as marcas passam a ouvir mais suas consumidoras, sem impor padrões de beleza, mas respeitar e inserir a diversidade de todas as formas, bem como sinalizar o aspecto emocional como importante direcionador do negócio e da marca. Atualmente, as marcas estão mais envolvidas na compreensão psicológica por trás da compra. De acordo com Garcillán (2008), o setor da beleza "é um mundo mais complexo do que o consumidor imagina, porque há muitas pesquisas e processos de elaboração envolvidos. Atualmente, a

---

[5] A primeira onda (século XIX até meados do século XX) foi caracterizada pela reivindicação, por parte das mulheres, dos diversos direitos que já estavam sendo debatidos — e conquistados — por homens de seu tempo, em especial representada em especial pelo direito ao voto. Já a segunda onda (década de 1950 e até meados da década de 1990) ampliou o debate para uma ampla gama de questões: sexualidade, família, mercado de trabalho, direitos reprodutivos, desigualdades de facto e desigualdades legais. A terceira onda visa desafiar ou evitar aquilo que vê como definições essencialistas da feminilidade feitas pela segunda onda, que colocaria ênfase demais nas experiências das mulheres brancas de classe média-alta; é a percepção de que as mulheres são de "muitas cores, etnias, nacionalidades, religiões, e origens culturais". A quarta onda refere-se ao ressurgimento do interesse no feminismo iniciado por volta de 2005 e é associado ao uso das redes sociais.

produção requer processos sofisticados, sustentados por grandes estruturas, tanto materiais como humanos" (Garcillán, 2008, p. 7).

Conforme discutido no Capítulo 2 – Neurociência do consumo, as marcas entenderam que é necessário compreender ainda mais a fundo o que motiva inconscientemente as mulheres e quanto o quesito emocional é percebido por trás das marcas. Diante disso, pode-se dizer que a indústria da beleza é uma das mais propícias a utilizar o neurodesign, já que o consumo e a beleza são diretamente influenciados pela psique da consumidora, têm forte carga simbólica e semiótica, além de contar com inúmeros concorrentes no mercado.

DADOS DO MERCADO DE COSMÉTICOS NACIONAL E INTERNACIONAL

Segundo a Euromonitor International[6] em relatório de 2019, o Brasil é o quarto maior mercado de beleza e cuidados pessoais do mundo, ficando atrás apenas de países como Estados Unidos, China e Japão (Figura 6.6). Somente na categoria de fragrâncias, os brasileiros estão em segundo lugar, atrás apenas dos norte-americanos. Em 2023, o Brasil permanece no *ranking*.

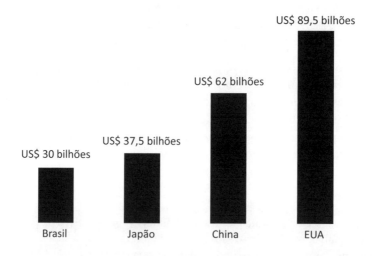

Figura 6.6 Os cinco países líderes no consumo de beleza no mundo.
Fonte: adaptada de Relatório da Euromonitor International de 2019[6]

---

[6] Relatório de 2019 da Euromonitor International referente ao ano de 2018 sobre o mercado de beleza no Brasil, encomendado pela Beauty Fair. Disponível em: https://issuu.com/beatyfair-negocios/docs/panoramasaloes. Acesso em: 2 out. 2023.

Nesse mesmo relatório, identificou-se que cinco empresas concentram 47,8% de todo o mercado, com a liderança da Natura & Co., seguida do grupo O Boticário, com a vice-liderança, e das marcas do grupo Unilever, L'Oréal e Colgate-Palmolive Co. Segundo a Associação Brasileira da Indústria de Higiene Pessoal, Perfumaria e Cosméticos (ABIHPEC), o número de empresas de beleza registradas na Anvisa em 2018, era de 2.794. No ano de 2019, o Brasil atingiu um montante de vendas de mais de R$ 55 bilhões, incluindo perfumes e vários outros produtos.

Segundo matéria de 2019 da Forbes,[7] as empresas de beleza estão investindo na presença das redes sociais e na inteligência artificial, realidade virtual e aplicativos de beleza, cujos aplicativos vêm sendo usados por 39% dos consumidores globais desde 2019.

BEAUTY NEUROTECH

Alguns exemplos do uso dos testes neurofisiológicos pelas marcas de beleza foram encontrados em pesquisas realizadas na internet. Em 2017, foi publicada uma matéria da Digiday[8] sobre a Smashbox (Figura 6.7), que faz parte do portfólio de marcas pertencente ao grupo Estée Lauder Companies e vinha utilizando um provedor de realidade aumentada voltado para beleza, o Modiface.

Figura 6.7 O aplicativo Smashbox com tecnologia da Modiface.
Fonte: cortesia de Modiface. Disponível em: https://thisisretail.com.au/wp-content/uploads/2018/01/Smashbox_Modiface.jpg.

Modiface, empresa especializada em inteligência artificial e realidade aumentada para empresas de beleza, dispõe de ferramentas que simulam digitalmente a melhor

---

[7] "O Brasil é o quarto maior mercado de beleza e cuidados pessoais do mundo". Disponível em: https://forbes.com.br/negocios/2020/07/brasil-e-o-quarto-maior-mercado-de-beleza-e-cuidados-pessoais-do-mundo/

[8] *"How Smashbox is using eye-tracking technology to increase sales"* (tradução nossa: "Como a Smashbox esta usando a tecnologia de *eyetracking* para aumentar as vendas"). Disponível em: https://digiday.com/marketing/smashbox-using-eye-tracking-technology-increase-sales/

maquiagem a ser feita no rosto da própria cliente, além de um aplicativo que escaneia e rastreia movimentos faciais e até características da pele. Segundo a matéria, nesse período o aplicativo já acumulava cinquenta milhões de *downloads*. A Smashbox foi a primeira marca da Estée Lauder Companies a testar a tecnologia (Figura 6.8).

O diferencial do Modiface é que ele permite rastrear o interesse do usuário com base nos movimentos dos olhos, reconhecimento de traços e cores faciais. A marca é capaz de adaptar melhor seu marketing e entender quais os motivadores da compra, o que resultou em 27% de aumento na conversão das vendas, em dois meses.

Conforme descrito na matéria, foi evidenciado que por meio do aplicativo com rastreamento ocular é possível avaliar quais dos produtos Smashbox estavam sendo mais contemplados, incluindo o batom *Always On Liquid*, que representou 49% do foco geral de seus usuários e, o segundo mais popular, *Cover Shot Eye Palettes,* representando 12%. A Modiface foi adquirida pela L'Oréal em 2018, conforme a matéria do site *The Verge*.[9]

Em sua apresentação na maior conferência de realidade aumentada (AWE), nos Estados Unidos em 2017, *Intelligent Augmented Reality – The Coming AR+AI Revolution*, o criador do Modiface, Parham Aarabi, explica que o aplicativo Modiface é capaz de criar experiências customizadas e trazer certo realismo entre o exposto virtualmente em comparação com a realidade. Segundo Aarabi (2017), 75 de 100 companhias de beleza utilizam Modiface, conforme *slide* da Figura 6.9.

Figura 6.8 Aplicativo da Smashbox.
Fonte: This is Retail Website. Disponível em: https://thisisretail.com.au/wp-content/uploads/2018/01/Smashbox_Modiface.jpg.

---

[9] "L'Oréal acquires Modiface, a major AR Beauty Company" (tradução nossa: "L'Oreal adquire a Modiface, a maior empresa de realidade aumentada voltada para beleza"). Disponível em: https://www.theverge.com/2018/3/16/17131260/loreal-modiface-acquire-makeup-ar-try-on

Mercado da beleza: solo fértil para o neurodesign   107

Figura 6.9 *Slide* da apresentação de Parham Aarabi no evento da AWE em 2017.

Em site oficial, a Modiface[10] descreve as tecnologias de realidade aumentada para as marcas de beleza. Na seção de soluções, foram identificados os serviços disponíveis, entre eles, o uso da realidade aumentada personalizada e desenvolvimento de espelhos interativos, já aplicados pela marca Sephora[11] e Giorgio Armani, ambas clientes da Modiface, conforme a Figura 6.10.

Figura 6.10 Espelho interativo com AR e rastreamento ocular.
Fonte: Modiface.

---

[10] https://modiface.com/
[11] https://vimeo.com/220504292

A Modiface atua também em outras frentes da beleza, não somente na maquiagem, mas em marcas de produtos para cabelo, olhos e pele, conforme as Figuras 6.11 e 6.12, disponibilizadas em sua apresentação.

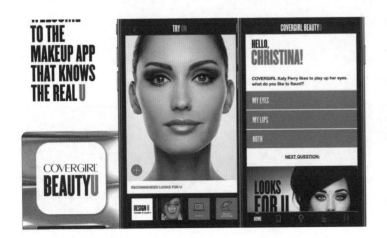

Figura 6.11 Aplicativo criado para as marcas Clairol e Covergirl.
Fonte: Modiface.

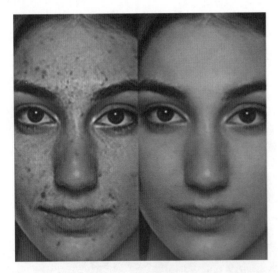

Figura 6.12 Aplicativos criados para a marca de lentes de contato Allergan e para a marca de cosméticos Vichy.
Fonte: apresentação do fundador da Modiface disponibilizada no Slide Share.

Entretanto, a Modiface não é a única a desenvolver realidade aumentada e utilizar o rastreamento ocular; exemplos disso foram elencados em matéria do site ChipChick de 26 de junho de 2019[12] segundo a qual, além da Modiface, aplicativos como You-Cam, MakeUp, FaceCake, Olay Skin Advisor (Figura 6.13) e Maniwatch (Figura 6.14) estão disponíveis para a consumidora testar os produtos online, utilizando a câmera do celular para visualizar o resultado, ou mesmo avaliar a pele, como no caso do Olay Skin Advisor, que fornece uma avaliação visual da pele da consumidora.

É importante ressaltar que, por meio desses aplicativos, as marcas são capazes de gerar dados de consumo, de preferência, analisar as percepções, a aceitação de novos produtos antes mesmo de serem lançados. É importante complementar que os aplicativos são uma forma de inserção dos testes com parte da metodologia de compreensão dos consumidores e, como consequência, de elaboração de produtos, já que as câmeras podem muito bem funcionar como o teste de *eyetracking* a distância, permitindo que a marca tenha relatórios de sua avaliação e do produto em especial. Entretanto, isso não é ressaltado por nenhuma desenvolvedora, que não recebe o devido crédito por questões de ética e de possível interpretação que venham a ser prejudiciais para a marca.

Figura 6.13 Aplicativo criado pela Olay, Skin Advisor, que gera análise visual da pele da consumidora e sugere novos produtos a partir da avaliação.
Fonte: https://static-cdn5-2.vigbo.tech/u2973/47326/blog/4207466/4614161/59717971/1000-c6727368443e0a-80077f955e15934fd4.jpg Acesso em: 18 jan. 2024

---

[12] "6 augmented reality beauty apps making cosmetics shopping way easier" (tradução nossa: "6 aplicativos de realidade aumentada que facilitam a compra de cosméticos").

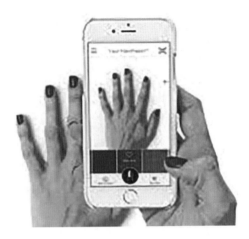

Figura 6.14 Aplicativo You Maniwatch para teste dos esmaltes.
Fonte: https://i.ytimg.com/vi/QQGTfu6taC0/maxresdefault.jpg Acesso em: 11 ago. 2020.

TESTES NEUROFISIOLÓGICOS NAS EMBALAGENS DE PRODUTOS DE BELEZA

Conforme descreve Garcillán (2008), atualmente exige-se que os cosméticos possuam uma legitimidade responsável em termos de eficácia, segurança, respeito ao meio ambiente e legalidade, já que o consumidor de cosméticos demanda produtos únicos, de alta qualidade, seguros, com promessas de inúmeras capacidades e a preços razoáveis. Segundo a autora, "na última década houve uma explosão sem precedentes de produtos de alta tecnologia, que ajudou a estimular o fluxo contínuo de produtos inovadores, revolucionando a indústria cosmética" (Garcillán, 2008).

É importante citar que diante de todas as necessidades elencadas, cabe à publicidade e às embalagens o papel de comunicar todos os benefícios e atributos dos cosméticos. A embalagem é um importante ponto de contato entre a marca e o consumidor, além de ser grande responsável pela diferenciação no momento da compra.

Garcillán (2008, p. 13) destaca a importância da embalagem e reforça que "a percepção é um dos fatores que mais influem no comportamento de compra do consumidor". Segundo a autora, o consumidor analisa a conveniência de adquirir um produto ou contratar um serviço, tentando tomar decisões por meio de sua percepção da realidade, minimizando os riscos, além de tentar prever e evitar consequências indesejadas que um produto novo pode trazer, já que existe um temor de que esse produto não satisfaça suas necessidades como esperado. Por essa razão, Garcillán (2008, p. 14) destaca duas fases distintas no processo: o tipo de informação obtida e a forma de obtê-la.

Conforme citado por Jiménez[13] (2017), já existem muitas pesquisas sobre casos de sucesso do uso da neurociência na avaliação de produtos e sua publicidade.

Existem duas maneiras de avaliar o impacto que um estímulo ou produto tem sobre o consumidor: avaliações explícitas e implícitas. As primeiras estão relacionadas à percepção que o usuário expressa sobre um estímulo específico e geralmente são avaliadas em sessões de grupo de foco, teste de uso doméstico, entrevistas em profundidade etc.

As avaliações explícitas estão relacionadas à percepção a qual permite que o usuário ou *focus group* se expresse sobre um estímulo específico. Já as avaliações implícitas são destinadas a avaliar motivações como frustração e interesse. Jiménez (2017) destaca que a neurociência é uma grande aliada aqui, pois o objetivo é determinar a real percepção sobre o estímulo que, em alguns casos, não é fácil para o usuário/consumidor explicar. O Quadro 6.1 elenca a diferença nas medições, o que e como avaliar, tanto nas motivações implícitas como explícitas.

Quadro 6.1 Motivações implícitas e explícitas.

Motivações implícitas		Motivações explícitas	
O que avaliar?	Como medir?	O que avaliar?	Como medir?
Frustração Meditação Excitação / Prazer Interesse	EEG fMRI (imagem de ressonância magnética funcional) Rastreamento ocular Expressão facial Atividade eletrodérmica	Cor, odor, sabor, textura e audição Eficácia e desempenho, por exemplo, "O sabão deve limpar e cheirar bem", "O sabão deve produzir espuma suficiente"	Testes qualitativos e quantitativos Teste de uso doméstico Amostra Testes de eficácia com equipamentos de bioengenharia

Fonte: adaptado de Jiménez, 2017.

Segundo o autor, a aplicação de técnicas de neurociência nos estágios de projeto pode fazer com que se entenda como e por que os cérebros se sentem mais atraídos por alguns tipos de formulações do que por outros. Um exemplo é o uso do rastreamento ocular relacionado à seleção da cor dos lábios (Figura 6.15).

---

[13] John Jiménez é farmacêutico pela Universidade Nacional da Colômbia, mestre em Desenvolvimento Sustentável pela EOI Business School de Madrid e especialista em Marketing, Neuromarketing e Ciência Cosmética. Começou sua carreira na área de cosméticos em 1999, ingressou no departamento de P&D da Belcorp em 2005 e atualmente é cientista sênior de exploração nas categorias de cuidados com a pele e proteção solar.

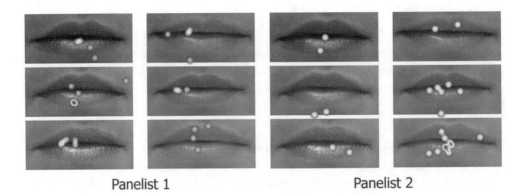

Figura 6.15 Exemplos de mapas de calor.
Fonte: Jiménez, 2017. Disponível em: https://knowledge.ulprospector.com/media/2017/12/Figure-12-1024x373.jpg. Acesso em: 11 ago. 2020.

Jiménez (2017) destaca que a técnica de rastreamento ocular permite saber quais áreas de uma imagem atraem a atenção da pessoa. Isso é muito interessante, porque no design de produtos existem muitas maneiras de aplicar essa técnica, de modo que os tempos de formulação são reduzidos e as decisões são tomadas mais rapidamente no processo de P&D.

No exemplo da Figura 6.15, o rastreamento ocular foi baseado na aplicação de seis batons de cores diferentes. Com a ajuda do *eyetracking*, é possível descrever qual tonalidade ou cor atrairá mais a atenção da consumidora. O rastreamento ocular gera mapas de calor que indicam a intensidade no tempo e a duração de maior interesse. Se a consumidora prestar mais atenção a uma área, a cor ficará mais vermelha.

Os mapas de calor possibilitam observar também a sequência ocular, ou seja, os movimentos rápidos de ambos os olhos, que permitem determinar quais cores são examinadas primeiro, o que indica maior interesse, conforme a Figura 6.16. Nesse exemplo, Jiménez sinaliza que os consumidores começaram a olhar para a mesma cor de batom, e a partir desta análise pode-se apoiar a seleção de uma cor na fase de design ou desenvolvimento do produto.

Mercado da beleza: solo fértil para o neurodesign 113

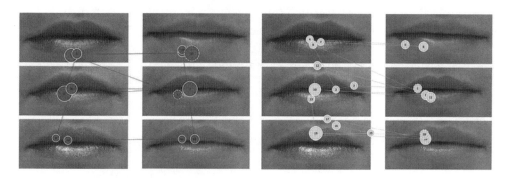

Figura 6.16 Exemplo de sequenciamento ocular.
Fonte: Jiménez, 2017. Disponível em: https://knowledge.ulprospector.com/media/2017/12/Figure-56-1024x320.jpg. Acesso em: 11 ago. 2020.

Jiménez (2017) pondera que com a metodologia de *eyetracking* também é possível obter respostas consolidadas entre diferentes grupos de análise, como no caso a seguir, a diferença nas preferências entre homens e mulheres.

Na Figura 6.17, Jiménez (2017) exemplifica que as seis imagens à esquerda apresentam o mapa de calor consolidado para um grupo de dez homens, e as seis imagens à direita apresentam o mapa de calor consolidado para dez mulheres. Este é um exemplo interessante de como avaliar a motivação ou o gosto entre homens e mulheres. Conforme pode-se observar nas duas figuras, o interesse por cores diferentes varia entre os gêneros.

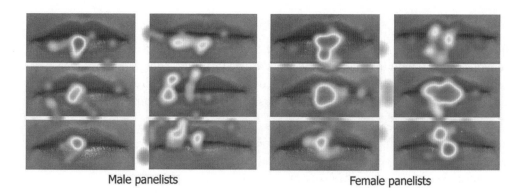

Figura 6.17 Comparação do mapa de calor entre homens e mulheres.
Fonte: Jiménez, 2017. Disponível em: https://knowledge.ulprospector.com/media/2017/12/Figure-78-1024x363.jpg.

Jiménez (2017) reforça que a investigação dos ingredientes também deve ser considerada no processo de análise e afirma que o rastreamento ocular é capaz de determinar como a relação olfativa, a imagem e o nome são percebidos. Segundo o autor, é importante projetar e realizar uma calibração de linha de base para saber o contexto de execução do movimento sacádico (movimentos rápidos dos olhos), quando há e não há uma relação entre os elementos que compõem o estímulo. A Figura 6.18 representa um exemplo de quando existe uma ligação, ou coerência, entre o nome e a imagem, pois a palavra "arbol", ou árvore, corresponde à imagem.

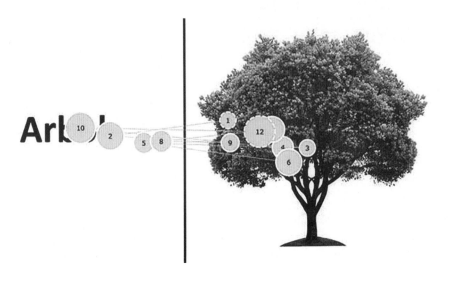

Figura 6.18 Exemplo de resposta quando há coerência no estímulo apresentado.
Fonte: Jiménez, 2017. Disponível em: https://knowledge.ulprospector.com/media/2017/12/Figure-9.jpg. Acesso em: 11 ago. 2020.

Jiménez (2017) chama a atenção para a amplitude dos movimentos oculares rápidos, que se diferencia em função da coerência, e essa é precisamente a oportunidade de desenvolver novas metodologias aplicáveis na fase de formulação. Segundo Jiménez, o desenho de estímulos com coerência e sem coerência é muito interessante de se avaliar com rastreamento ocular, pois abre as portas para o desenho de novas metodologias.

A Figura 6.19 apresenta um exemplo de quando a palavra não corresponde à imagem. Já a Figura 6.20 é um exemplo de coerência entre os três elementos que compõem o estímulo, isto é, o nome lavanda, a imagem da lavanda e a nota olfativa que o provador cheirou ao olhar para o estímulo.

Mercado da beleza: solo fértil para o neurodesign   115

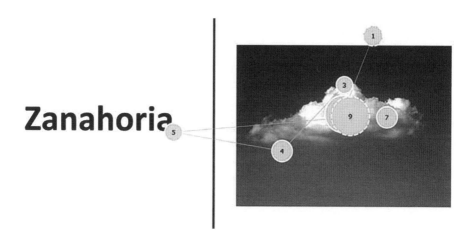

Figura 6.19 Exemplo de resposta quando não há coerência no estímulo apresentado.
Fonte: Jiménez, 2017. Disponível em: https://knowledge.ulprospector.com/media/2017/12/Figure-10.jpg. Acesso em: 11 ago. 2020.

Figura 6.20 Exemplo de resposta quando há coerência nos três elementos que compõem o estímulo (nome, imagem e nota olfativa).
Fonte: Jiménez, 2017. Disponível em: https://knowledge.ulprospector.com/media/2017/12/Figure-11.png. Acesso em: 11 ago. 2020.

Jiménez (2017) fez o mesmo teste utilizando a palavra lavanda e a imagem da lavanda, entretanto, ofereceu uma amostra de outro cheiro, o que resultou na análise mostrada na Figura 6.21. Aqui observou-se que a amplitude dos movimentos sacádicos varia quando há coerência e quando não há.

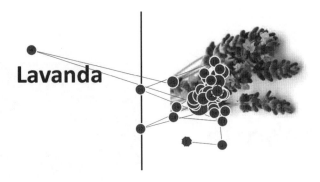

Figura 6.21 Exemplo de resposta quando não há coerência nos três elementos que compõem o estímulo (nome, imagem e nota olfativa).
Fonte: Jiménez, 2017. Disponível em: https://knowledge.ulprospector.com/media/2017/12/Figure-12.png.

USO DOS TESTES NEUROFISIOLÓGICOS NO MERCADO INTERNACIONAL DE BELEZA

Cada vez mais presenciamos a inserção da neurociência na compreensão dos consumidores e, consequentemente, no desenvolvimento de novas soluções no mercado dos cosméticos. O mercado de beleza está dia a dia apoiando-se na neurociência para fortalecer suas marcas, aumentar seu conhecimento sobre os consumidores e sobre a fisiologia e a biologia da pele (e sua relação com o cérebro), criando novos produtos.

As principais marcas de beleza estão se beneficiando dos conhecimentos da neurofisiologia e utilizando-a como uma vantagem competitiva. Marcas como a Shiseido[14] são um exemplo disso. Uma matéria de 2017[15] descreve o uso da neurociência pela marca para a compreensão das consumidoras na faixa etária dos 30 anos.

Nesse exemplo, o uso da neurociência não foi somente aplicado ao design, mas também na própria formulação do produto, por meio da tecnologia patenteada, nomeada de *ReNeura Technology*, que consiste em uma tecnologia capaz de estimular o cérebro a despertar as reações da pele que não estão respondendo e, em seguida, reativar seu sistema de autorreparação.

---

[14] https://corp.shiseido.com/en/rd/

[15] "Shiseido prepares for neuroscience-inspired skin care launch" (tradução nossa: "Shiseido se prepara para lançamento de produtos com cuidado para pele, inspirados na neurociência"). Disponível em: https://www.cosmeticsdesign-asia.com/Article/2017/11/27/Shiseido-prepares-for-neuroscience-inspired-skin-care-launch

Uma matéria do site *Buro 247*[16] afirma que o produto da marca o White Lucent é capaz de otimizar a relação entre a pele e o cérebro (Figura 6.22).

Esse resultado é descrito na reportagem como fruto das pesquisas da marca em conjunto com *Massachusetts General Hospital* e *Harvard Cutaneous Biology Research Center*, que ao investigarem a relação do cérebro com a pele, descobriram que as células nervosas, que transmitem as mensagens e as reações emocionais, têm conexão com a pele, conforme divulgado pela marca na publicação da revista eletrônica *Nylon*.[17] Ou seja, os estudos identificaram que a pele pode não ser tão responsiva, assim, nem tudo o que a pele sente é bem transmitido ao cérebro, que não vai responder com tanta rapidez e eficácia.

Figura 6.22 Linha White Lucent desenvolvida com uso da neurociência.
Fonte: Buro 247. Disponível em: https://www.buro247.my/images/Shiseido-White-Lucent-range.jpg. Acesso em 15 ago. de 2020.

Nessa mesma matéria, verifica-se que a ReNeura Technology™ funciona justamente para facilitar os sensores da pele humana, permitindo que respondam melhor aos cuidados. Existem duas abordagens: na primeira, esses sensores têm a capacidade de melhorar a maneira como o produto é aplicado, a fim de acionar uma resposta; na

---

[16] "A new skin care trio by Shiseido uses neuroscience research to boost its brightening effects — White Lucent brings the best of beauty and brains" (tradução nossa: "Um novo trio de cuidados com a pele da Shiseido usa pesquisas neurocientíicas para aumentar seus efeitos de brilho – White Lucent traz o melhor da beleza e do cérebro"). Disponível em: https://www.buro247.my/beauty/skincare/shiseido-white-lucent.html

[17] https://www.nylon.com.sg/2018/04/shiseido-changes-the-beauty-game-with-its-neuroscience-inspired-skincare-line/

segunda, são capazes de aumentar a potência das células nervosas, de modo que são mais capazes de transmitir sinais entre a pele e o cérebro.

Na parte do design das embalagens, a marca também evocou o apelo emocional e nostálgico ao utilizar como inspiração as tigelas de chás artesanais usadas nas cerimônias do chá para criarem o *shape* do produto. Um detalhe relevante foi o aspecto sensorial abordado que propicia o ajuste natural à palma da mão, o que traz uma sensação de conforto ao inconsciente do consumidor, facilitando a ergonomia cognitiva do usuário do produto.

A matéria da *Beauty Packaging*[18] enfatiza que a linha vem em 64 *shapes* diferentes e com design exclusivo para que cada peça seja meticulosamente trabalhada e testada, usando métricas psicológicas para provar empiricamente a eficácia do produto ao despertar os sentidos, proporcionando uma sensação de conforto (Figura 6.23).

Outro exemplo do uso dos testes neurofisiológicos no segmento da beleza é reportado na mídia eletrônica Nielsen, em 2019,[19] em que a empresa auxiliou a rede de farmácias americanas CVS Healthy a compreender melhor a visão das consumidoras em relação à beleza, por meio do uso da eletroencefalografia (EEG) e do rastreamento ocular, no qual foram testadas várias imagens de modelos da *Beauty Unaltered*, marca própria de beleza da CVS, em conjunto com imagens de modelos alteradas digitalmente, em paralelo com análises de anúncios impressos com mensagens sobre a campanha.

Figura 6.23 Descritivo sobre o *packaging* da Shiseido.
Fonte: Amazon Website.

Segundo a reportagem, os resultados foram positivos e, graças à neurociência, foi possível revelar o real engajamento das consumidoras com a marca, assim como foram identificadas fortes associações com os principais atributos como confiança, inspiração e genuinidade.

---

[18] "Shiseido's new neuroscience range for millennials" (tradução nossa: "Nova linha de neurociências da Shiseido para os *millenials*").

[19] "Disrupting the beauty industry with consumer neuroscience" (tradução nossa: "Inovando a indústria da beleza com a neurociência do consumidor").

Mais um exemplo da aplicação dos testes foi encontrado na matéria de 2019 da revista *Impact*, da Durham University,[20] que descreveu como a marca de maquiagem do conglomerado da L'Oréal vem utilizando a EEG para criar um design de experiência nas lojas da marca (Figura 6.24).

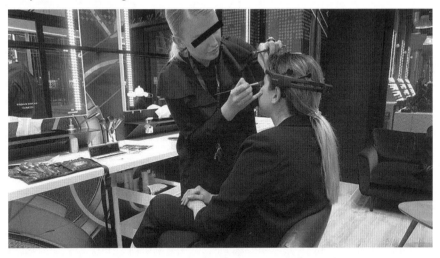

Figura 6.24 Sessão de maquiagem monitorada com ECG na loja Urban Decay.
Fonte: Revista Impact. Disponível em: https://stories.isu.pub/74781567/images/21_original_file_I1.jpg. Acesso em: 15 ago. 2020.

Os testes foram realizados por pesquisadores da Durham University que, com apoio da encefalografia portátil, capturou mais de 3,9 milhões de pontos de dados ao longo de dois dias e revelou as percepções das consumidoras por meio do registro cerebral durante a jornada de consumo, experimentação dos produtos e durante uma sessão de demonstração da maquiadora-vendedora com os produtos sobre a pele da consumidora. Segundo o artigo, os resultados permitiram gerar diversos *insights*. Uma das principais descobertas foi os efeitos que as pinceladas, durante o processo de maquiar, são capazes de gerar no cérebro, e o quão poderoso pode ser o efeito de um pincel macio.

A marca Benefit, em 2017, conforme a matéria da *Malaymail*,[21] é mais um exemplo ao criar um leitor facial[22] capaz de analisar a parte superior do rosto para determinar a expressão emocional da consumidora.

Diante desses exemplos, fica evidente que as marcas estão atentas às reações neurais e inconscientes das consumidoras, comprovando que o mercado da beleza é, sim,

---

[20] "Urban Decay: beauty with a neuroscience edge" (tradução nossa: "Urban Decay: a beleza com um toque da neurociência").

[21] "Beauty brands embrace the appeal of neuroscience" (tradução nossa: "Marcas de beleza abraçam o apelo da neurociência").

[22] Video BeneBrows – Benefit Brow Translator.

solo fértil para desabrochar ainda mais o campo da neurociência e acirrar a disputa entre as marcas de beleza.

Segundo Leissner (2018), apoiado por pesquisas em neurociência e psicologia do consumidor, os efeitos multissensoriais evocam memórias, emoções e desejos, e são capazes de criar uma conexão com a marca. Segundo Leissner (2018), as texturas incrivelmente realistas, como cetim e couro, são capazes de transmitir luxo e exclusividade, enquanto o aroma, talvez o mais poderoso dos sentidos, seja capaz de explorar memórias e sentimentos, e pode ser até mesmo criado para reproduzir o cheiro de qualquer coisa, desde *cupcakes* recém-assados, até lençóis recém-lavados, ilustra a autora.

Já os efeitos personalizados de *glitter* e perolado combinam efeitos visuais e texturais e podem provocar a promessa de brilho e glamour interno, enquanto os efeitos termocrômicos e de mudança de cor criam empolgação e mistério na embalagem.

Conforme afirma Knutson et al. (2007), "as respostas cerebrais obtidas durante a avaliação ativa de produtos e a deliberação explícita sobre compras podem prever as escolhas do consumidor" (Knutson et al., 2007, p. 147).

O mesmo é defendido por O'Dohe et al. (2003) e Kim et al. (2007) que ressaltam que as respostas do cérebro se engajam automaticamente na avaliação da atratividade facial e preferências. Ou seja, através da neurofisiologia pode-se prever a aceitabilidade de um novo produto e avaliar os diversos efeitos sensoriais. O uso da neurofisiologia não se restringe apenas ao mercado externo, às marcas internacionais, mas encontra-se também no Brasil.

MERCADO BRASILEIRO

Durante a investigação das consultorias de neurociência e das agências de design, ficou evidente o uso do *neurodesign* e dos testes no processo de criação das embalagens de cosméticos. Alguns exemplos são vistos no Brasil por meio da consultoria Forebrain, que em seu site oficial, na seção de *cases*, descreve o teste de avaliação sensorial realizado para a *La Roche-Posay*, do Grupo L'Oréal, para medir a resposta emocional implícita causada por um filtro solar na pele oleosa.

Em matéria do *site Mundo do Marketing*, de 30 de setembro de 2014,[23] a L'Oréal é citada como uma das marcas que recorre ao neuromarketing para avaliar como está a aceitação dos consumidores em relação aos seus produtos nas campanhas e também utiliza o neurodesign na parte da área de pesquisa, desenvolvimento para criação e melhora de seus produtos.

A matéria descreve o teste da Forebrain, na qual a marca L'Oréal convidou 50 clientes para um teste de um creme para o rosto voltado para peles oleosas. No teste, as consumidoras foram fotografadas com o item da marca e depois com o do concorrente, sem

---

[23] "Neuromarketing: a ciência começa a ficar mais acessível ao mercado".

Mercado da beleza: solo fértil para o neurodesign

verem o resultado no espelho. Na sequência, puderam olhar as imagens e os impulsos cerebrais em cada um dos casos. Foram registrados e analisados para verificar qual das fotos chamava mais a atenção. Segundo a matéria, as respostas de atenção e de emoção foram mais intensas nas fotos com o creme da L'Oréal (Figura 6.25).

NEUROCIÊNCIA NA AVALIAÇÃO DA EXPERIÊNCIA SENSORIAL E DA SATISFAÇÃO DOS CONSUMIDORES

A Forebrain ajudou a La Roche-Posay a medir a resposta emocional implícita causada por um filtro solar para pele oleosa.

CASE: SENSORIAL TEST

O CONTEXTO: A marca La Roche-Posay desenvolveu um filtro solar indicado para pessoas com pele oleosa. O produto apresentava um bom desempenho nos testes tradicionais, como controle do brilho e do grau de oleosidade da pele. Entretanto, o cliente buscava quantificar a resposta emocional causada pelo produto a fim de reforçar a indicação do novo filtro solar como um produto capaz de favorecer a adesão do consumidor.

A SOLUÇÃO: Para medir o impacto emocional do produto na experiência de uso dos consumidores, a Forebrain recomendou a análise SENSORIAL TEST, que avalia de maneira implícita qual a resposta emocional do consumidor ao utilizar/experimentar diferentes tipos de produto. Nesse caso, para evitar a influência da marca na percepção do produto, foi sugerido o desenvolvimento de um estudo duplo-cego.

Figura 6.25 *Case* da L'Oréal/La Roche Posay demonstrando o uso do teste sensorial para estudar a percepção dos consumidores em relação ao novo filtro solar criado pela marca, Anthelios.
Fonte: adaptada de Forebrain Website.

Um ponto importante é que na matéria CMO da L'Oréal no Brasil, Paula Costa destacou que a marca utiliza os testes neurofisiológicos, pois compreende que a questão estética e a beleza não são racionais. Outro ponto elencado foi que "o que é bonito para um é feio para outro. Também temos a questão de o brasileiro ter mais a tendência de ser bonzinho em pesquisa. Somos mais cordiais, menos diretos em críticas do que os europeus, por exemplo".[24]

Outro exemplo de uso dos testes neurofisiológicos, como o *eyetracker,* foi reportado na matéria da *ProNews,*[25] na qual detalhou a transformação da revista Natura para

---

[24] "L'Oréal Brasil aposta em inovação digital para atrair e fidelizar consumidores". Disponível em: https://www.brazilbeautynews.com/l-oreal-brasil-aposta-em-inovacao-digital-para,1291. Acesso em: 11 jan. 2024.

[25] "Espaço Natura dá nova cara ao canal de comunicação da marca". Disponível em: https://revistapronews.wordpress.com/2016/06/14/espaco-natura-da-nova-cara-ao-canal-de-comunicacao-da-marca/

o chamado Espaço Natura. O processo criativo do novo material de venda analisou o comportamento do consumidor por meio de estudos semióticos e monitoramento com *eyetracking*.

Segundo Renata Eduardo, diretora de ativação da marca no Brasil, a partir do uso do *eyetracking* foi possível identificar o que chamava mais atenção na revista: os produtos. Segundo Renata, os produtos ganharam maior destaque e apareceram mais "vivos", ressaltando a beleza e a sofisticação do portfólio da marca.

A partir do uso do *eyetracking* foi possível criar uma nova estratégia de venda, que antes era organizada por marcas e passou a ser agrupada por categorias. Esse *case* da Natura reforça mais uma vez como o rastreamento ocular e o neurodesign podem ser uma ferramenta importante de *branding*.

Mais um exemplo é citado na reportagem realizada pelo jornal *Estado de S. Paulo* em 7 de novembro de 2019,[26] na qual detalha os principais testes utilizados pelas marcas de cosméticos no Brasil.

Pode-se mencionar como exemplo a L'Oréal com os testes de estresses, por meio da medição da computância da pele; o grupo O Boticário com o uso de *eyetracking* e espelho inteligente (além do uso da inteligência artificial); a Natura, com testes de microbiota; e a Procter & Gamble, com a casa do consumidor e as salas sensoriais para investigar o comportamento do consumidor.

CHEIRO "DIGITAL" – INOVAÇÃO BRASILEIRA

Um avanço importante a se destacar, ao qual se pode indiretamente relacionar aos testes neurofisiológicos, é a criação do cheiro digital desenvolvido pela *startup* brasileira Noar, idealizada pela engenheira Cláudia Galvão, lançada em 2020[27] que permite que o consumidor sinta o cheiro por meio de aplicativos.

A *startup* criou um dispositivo chamado MultiScent 20, capaz de armazenar até 20 fragrâncias dentro de aparelhos como *tablets* e celulares, eliminando de vez os papéis de prova, catálogos aromatizados e minifrascos (Figura 6.26).

---

[26] "Como as marcas usam os sentidos do cliente para criar cosméticos – testes sensoriais ajudam as empresas a medir a chance de êxito comercial das inovações".

[27] Matéria postada em 28 de agosto de 2020 pela ABRE: "*Startup* brasileira cria tecnologia de "cheiro digital". Disponível em: https://www.abre.org.br/inovacao/startup-brasileira-cria-tecnologia-de-cheiro-digital/

Figura 6.26 Dispositivo MultiScent 20 desenvolvido pela Noar.
Fonte: Boletim ABRE 2020. Disponível em https://www.abre.org.br/wp-content/uploads/2020/08/noar.jpg. Acesso em: 27 ago. 2020.

É importante enfatizar que essa inovação pode, inclusive, contribuir para os testes neurofisiológicos, já que permite explorar a percepção de um dos fatores essenciais para construção da preferência de um produto em detrimento do outro: o cheiro.

Segundo a Noar, o aparelho permite ao consumidor experimentar até 20 fragrâncias diferentes, por inúmeras vezes, substituindo cada refil após cem disparos. O acesso ao catálogo é feito por meio do escaneamento do *QR Code*, que fica localizado no MultiScent 20.

Um dos primeiros clientes da *startup* é a marca de beleza Natura, conforme publicação da TecMundo[28] em 19 de agosto de 2020.

---

[28] "Natura lança tecnologia de 'cheiro digital' em canais de venda". Disponível em: https://www.tecmundo.com.br/mercado/163180-natura-lanca-tecnologia-cheiro-digital-canais-venda.htm

CAPÍTULO 7
Considerações finais

O design é um campo de possibilidades imensas no mundo complexo em que vivemos. O design tende ao infinito, ou seja, a dialogar em algum nível com quase todos os outros campos de conhecimento. Em seu sentido mais elevado e ambicioso, o design deve ser concebido como um campo ampliado que se abre para diversas outras áreas, algumas mais próximas, outras mais distantes.

(Cardoso, 2016, p. 234)

O principal questionamento elencado na minha dissertação, que resultou neste livro, era identificar se havia a inserção da neurociência no desenvolvimento de design. O questionamento central era investigar se o *neurodesign* é um novo método ou se é mais uma ferramenta a facilitar o processo criativo de design.

A pesquisa tinha também como intuito elaborar o estado da arte do tema, bem como levantar exemplos da aplicação, abordar as agências que já utilizam e o conhecimento por parte dos designers, assim como as consultorias disponíveis que assessoram todo o processo no Brasil. Ao longo da pesquisa ficou evidente que há diversas áreas que estão a aplicar o neurodesign, não restringindo somente a uma área específica, como a da beleza, mas também aplicações na área da moda, por exemplo.

Conforme uma das hipóteses que eu tinha, o mercado da beleza é, sim, um solo fértil, que ficou evidenciado e comprovado com *cases* e exemplos citados ao longo do trabalho, justamente por conta dos atributos semióticos, simbólicos, entre outros elencados no decorrer da pesquisa. O que chamou atenção foi que com a triangulação dos dados (olhar das agências, dos designers e das consultorias), é possível traçar que outras áreas, em especial as da alimentação e bebidas, são as que lideram o uso dos testes neurofisiológicos aqui no Brasil. A você, leitor, que está se perguntando onde estão essas pesquisas, a fim de não tornar este livro maçante, retirei toda a parte de entrevistas e análise de dados, para que a leitura ficasse mais fluida, porém você pode acessar todo o conteúdo apresentado na dissertação no site *Teses e Dissertações* da USP.[1]

Hevner et al. (2014) destacam que a aplicação da neurociência no design oferece métodos e ferramentas que facilitam os processos criativos de design. Entretanto, destacou-se na fase de entrevistas com os designers o fato de que ainda há uma parcela considerável que a desconhece, assim como há também uma resistência em admitir o neurodesign como metodologia, além da existência de um certo preconceito em relação ao neurodesign.

O preconceito, em parte, pode ser justificado pelo fato de ser algo pouco dominado, uma vez que ainda há poucas agências que utilizam os princípios do neurodesign e aplicam os testes neurofisiológicos. Conforme o entrevistado André Cruz (2020), fundador e designer (com mais de 20 anos de experiência), pontuou, o novo sempre leva um tempo a ser aceito e faz parte de um processo natural da sociedade.

No momento, ficou comprovado que se trata de um diferenciador para as três agências que aplicam. Entretanto, é válido ressaltar que para uma melhor compreensão, deve-se realizar um estudo de percepção com uma amostra significativa de gestores de marcas e mesmo mobilizar as entidades representativas do design e dos designers no país, para um estudo mais amplo, que represente mais a realidade, e não somente parte dela.

Outro dado curioso é que dos designers que desconhecem o neurodesign, foi um mix de recém-formados e profissionais mais experientes, ou seja, não se trata de um assunto que somente os jovens designers conhecem ou somente os designers mais experientes tiveram contato. Os dois cenários envolvem o neurodesign.

Ao longo da investigação, ficou claro também que o próprio conceito de neurodesign tem múltiplos significados não só aos designers. Ou seja, mesmo quando se questiona em paralelo as consultorias e as agências de design, há divergências contrastantes nas respostas sobre o conceito. Ora o neurodesign é compreendido como uma nova vertente, ora uma nova metodologia ou uma nova forma de coletar e validar os caminhos criativos elaborados.

Por isso, fica uma recomendação de que o tema seja colocado em pauta, em especial, entre os próprios designers, uma vez que de fato há muitos benefícios e resultados produtivos, conforme relatados no decorrer do processo. E mais importante, validados e já publicados em diversos artigos, alguns citados ao longo deste livro.

---

[1] Dissertação *Neurodesign: o uso da neurociência no método criativo*, apresentada em 15 de setembro de 2021. Disponível em: https://www.teses.usp.br/teses/disponiveis/100/100133/tde-11112021-165323/pt-br.php

Considerações finais

Outro aspecto investigado foi em relação à combinação dos testes neurofisiológicos com os métodos tradicionais, que evidenciou que cada uma das três agências se adaptou de acordo com seu próprio processo e metodologia. Entretanto, foi unânime o discurso dos designers, das agências e das consultorias, que a neurociência valida os processos e permite a combinação com os outros métodos já existentes. Ou seja, a neurociência agrega e não segrega, não colide com outros métodos.

O pensamento de Bürdek (2006, p. 67) vai ao encontro dessa premissa, uma vez que:

> Por meio de intensa discussão com a metodologia, o design se tornou quase que pela primeira vez ensinável, aprendível e, com isto, comunicável. O contínuo e constante significado da metodologia do design para o ensino é hoje a contribuição para o aprendizado da lógica e sistemática do pensamento...tem muito menos o caráter de uma receita... e muito mais um significado didático (Bürdek, 2006, p. 67).

Bürdek (2006) reflete que se deve dar importância ao caráter multi-interdisciplinar no processo de criação de design, ou seja, é necessário se abrir para os demais profissionais e setores que são e podem estar envolvidos na concepção de um produto/e ou serviço. O mesmo é visto também na fala de Rafael Cardoso Dennis, cujo trecho está na epígrafe de abertura deste capítulo.

O neurodesign não é fruto somente do interesse do mercado, ou melhor, das marcas, mas também do anseio do designer em aperfeiçoar seu processo, e da própria evolução das consultorias e empresas de pesquisas tradicionais, que incorporam mais um pilar na análise do consumidor, o do inconsciente, em conjunto com os testes tradicionais, como o *focus group*, as entrevistas, as pesquisas quantitativas e qualitativas, a análise semiótica, entre tantas outras análises. Estas quatro forças juntas, marcas, designers, agências de design e consultorias de neurociência do consumo, impulsionam o mercado.

O fato é que, independentemente se o neurodesign será definido como método, ou como mais uma ferramenta para aperfeiçoar o design, ele vem agregar valor ao design e trazer mais próximo ao processo criativo dados importantes, provenientes da mente do consumidor. Muito se fala atualmente do *user experience* – UX, experiência do usuário (tradução nossa), que nada mais é do que criar inserindo todas as observações de uso do consumidor com intuito de melhoria nos processos, seja ele qual for, desde mudar a tampa do *ketchup* para que o molho saia mais fácil, até facilitar a navegação de um site ou aplicativo etc.

Portanto, a partir de tudo que foi abordado no decorrer do livro, questiono o leitor: não será o neurodesign um elemento tão enriquecedor quanto *design thinking*, UX e outras metodologias existentes e já reconhecidas?

O fato é que não se pode desconsiderar que a neurociência tem experimentado uma explosão no âmbito, alcance e utilidade desde 1990. Tem-se dito que se escreveu mais sobre o cérebro nos últimos dez anos do que o total combinado dos 20 séculos anteriores. Essa explosão retrata o pensamento de Einstein (s.d.), que diz que "a mente que se abre a uma nova ideia jamais voltará ao seu tamanho original".

Referências

ALVES, B. D.; LEMES, N. M. C.; SILVA, T. F. W.; NASCIMENTO, T. V. Neuroestética aplicada à música: a apreciação da arte corresponde a princípios de organização neurobiológica. In: *I Internacional Grand Dourados Neuroscience Symposium*, out. 2013.

ALVES, J. B. F.; NASCIMENTO, H. A. D.; SILVA, M. B. Uma revisão dos estudos de detecção e reconhecimento de sinais cerebrais para interação humano-computador com equipamentos de baixo custo. In: *Anales del VI Simpósio Internacional de Innovación en Medios Interactivos. Mutaciones.* ROCHA, C.; GROISMAN, M. (Orgs.). Buenos Aires: Media Lab / Universidad de Buenos Aires, 2019.

AMATULLI, C.; GUIDO, G.; MILETI, A.; TOMACELLI, C.; PRETE, M. I.; LONGO, A. E. "Mix-and-match" fashion trend and luxury brand recognition: an empirical test using eye-tracking. *Fashion Theory*, v. 20, n. 3, p. 341-362, 2016. Disponível em: https://www.tandfonline.com/doi/abs/10.1080/1362704X.2015.1082294

ANDRADE, P. E. O desenvolvimento cognitivo da criança: o que a psicologia experimental e a neurociência têm a nos dizer. *Neurociência*, v. 3, p. 98-118, 2006.

ANDRADE, P. E. Uma abordagem evolucionária e científica da música. *Neurociências*, v. 1, n. 1, p. 21-33, 2004.

ANDRADE, P. E.; KONKIEWITZ, E. C. Fundamentos neurobiológicos da música e suas implicações para a saúde. *Neurociências*, v. 7, n. 3, p. 171-183, 2011.

ANDREU, C. La intertextualidad en el texto cinematográfico. In: *Análisis de El milagro de P. Tinto*. Madrid: Universidad Rey Juan Carlos, 2008.

APPENZELLER, T. *Science*, n. 282, p. 1451-1454, 1998.

ARDILL, R. *Experience design: an overview of experience design*. Disponível em: https://blog.experientia.com/files/design_council_exp_design.pdf

ARIELY, D.; BERNS, G. Neuromarketing: the hope and hype of neuroimaging in business. *National Institute of Health*, p. 284-292, 2010.

ASHTON, J. *Two problems with neuroesthetic theory of interpretation*. Nonsite.org (Emory College of Arts and Sciences), v. 2, 2011.

BALL, P. Neuroaesthetics is killing your soul: can brain scans ever tell us why we like art? *Nature Publishing Group*. Disponível em: http://www.nature.com/news/neuroaesthetics-is-killing-your-soul-1.12640. Acesso em: 7 abr. 2015.

BANKS, S. J.-G. Bilateral skin conductance responses to emotional faces. *Applied Psychophysiology and Biofeedback*, v. 37, n. 2, p. 145-152, 2012.

BARKER, A.; JALINOUS, R.; FREESTON, I. Noninvasive magnetic stimulation of human motor cortex. *Lancet*, v. 1, n. 8437, p. 1106-7, 1985.

BARNSTABLE, C. *The visual neurosciences*. Cambridge: MIT Press, 2004.

BATEY, M. *O significado de marca: como as marcas ganham a vida na mente dos consumidores*. Rio de Janeiro: Record, 2010.

BBC. The artful brain. In: *Reith Lectures 2003: the emerging mind*. Disponível em: https://www.bbc.co.uk/programmes/p00gpxfm

BERGSON, H. *La pensée et le mouvant*. Paris: Presses Universitaires de France, 2009.

BLAKEMORE, C. *Mechanics of the mind*. Cambridge: Cambridge University Press, 1977.

BOUWMAN, J; MAIA, A. S.; CAMOLETTO, P. G.; POSTHUMA, G.; ROUBOS, E. W.; OORSCHOT, V. M.; et al. Quantification of synapse formation and maintenance in vivo in the absence of synaptic release. *Neuroscience*. 2004; 126(1):115-26.

BRIDGER, D. *Neuromarketing: como a neurociência aliada ao design pode aumentar o engajamento e a influência sobre os consumidores*. São Paulo: Autêntica Business, 2018.

BROWN, S.; DISSANAYAKE, E. The arts are more than aesthetics: neuroaesthetics as narrow aesthetics. In: SKOV, M.; VARTAN IAN, O. (Eds.). *Neuroaesthetics*. New York: Baywood Publishing Company, 2009. p. 43-57.

BROWN, S.; MARTINEZ, M. J.; PARSONS, L. M. Passive music listening spontaneously engages limbic and paralimbc systems. *Neuroport*, v. 15, n. 13, p. 2033-7, 2004.

BROWN, T. *Design thinking: uma metodologia poderosa para decretar o fim das velhas ideias*. São Paulo: Elsevier, 2010.

BUCCAFUSCO, J. J. *Methods of behavior analysis in neuroscience*. Boca Raton: CRC Press, 2000.

Referências

BUONOMANO, D. V.; MERZENICH, M. M. Cortical plasticity: from synapses to maps. *Annual Rev Neuroscience*, v. 21, p. 149-86, 1998.

BÜRDEK, B. E. *História, teoria e prática do design*. São Paulo: Blucher, 2006.

CACIOPPO, J.; HAWKLEY, L.; ERNST, J.; BURLESON, M.; BERNTSON, G.; NOURIANI, B. et al. Loneliness within a nomological net: an evolutionary perspective. *Journal of Research in Personality*, v. 40, p. 1054-1085, 2006.

CALAZANS, F. *Propaganda subliminar multimídia*. São Paulo: Summus, 1992.

CALEMBECK, F.; CSORDAS, Y. *Cosméticos: a química da beleza*. 2015. Disponível em: https://fisiosale.com.br/assets/9no%C3%A7%C3%B5es-de-cosmetologia-2210.pdf

CALVER, G. *O que é design de embalagens?* Rio de Janeiro: Bookman, 2009.

CAMARGO, P. *Neuromarketing: descodificando a mente do consumidor*. Lisboa: Instituto Português de Administração de Marketing, 2009.

CAMARGO, P. *Comportamento do consumidor: a biologia, anatomia e fisiologia do consumo*. Ribeirão Preto: Novo Conceito, 2010.

CAMARGO, P. *A nova pesquisa de comportamento do consumidor*. São Paulo: Atlas, 2013.

CARDOSO, R. *Design para um mundo complexo*. São Paulo: Ubu, 2016. p. 234.

CARDOSO, S. H. Década do cérebro: o fim de um começo. *Cérebro & Mente*, n. 2, jun/ago 1997. Disponível em: http://www.cerebromente.org.br/n02/editori2.htm

CARDOSO, S. H. O que é mente. *Cérebro & Mente*, n. 4, dez. 1997. Disponível em: http://www.cerebromente.org.br/n04/editori4.htm

CAREY, J. *What good are the arts?* Oxford: Oxford University Press, 2010.

CARNEIRO, C. Lateralidade, percepção e cognição. *Cérebro & Mente*, n. 15, jun/set 2002. Disponível em: https://www.cerebromente.org.br/n15/mente/lateralidade.html

CARTOCCI, G.; CARATÙ, M.; MODICA, E.; MAGLIONE, A. G.; ROSSI, D.; CHERUBINO, P.; BABILONI, F. Electroencephalographic, heart rate, and galvanic skin response assessment for an advertising perception study: application to antismoking public service announcements. *Journal of Visualized Experiments*, v. 126, p. 55872, 2017.

CATANIA, A. C. *Aprendizagem: comportamento, linguagem e cognição*. Porto Alegre: Artmed, 1999.

CHANGEUX, J-P. *O verdadeiro, o belo e o bem*. Rio de Janeiro: Civilização Brasileira, 2013.

CHATTERJEE, A. Neuroaesthetics: a coming of age story. *Journal of Cognitive Neurosciense*, v. 23, n. 1, p. 53-62, 2010.

CHESKIN, L. *Why people buy: motivation research and its successful application*. Reissue Edition, 1959.

COHEN, M. X. *MATLAB for brain and cognitive scientists*. MIT Press, 2017.

CONWAY, B. R.; REHDING, A. Neuroaesthetics and the trouble with beauty. *PLoS Biol*, v. 11, 19 mar. 2013.

CORKIN, S. What's new with the amnesic patient H.M.? *Neuroscience*, v. 3, p. 153-160, 2002.

CORKIN, S. The man who couldn't remember. *Nova Science Now*. 2010. Disponível em: http://pbs.org/wgbh/nova/body/corkin- hm-memory.html

CROSS, I. Music and evolution: causes and consequences. *Contemporary Music Review*, v. 22, p. 79-89, 2003.

CROSS, I. Music, cognition, culture and evolution. *Annual New York Academy of Science*, v. 930, p. 28-42, 2001.

DAMÁSIO, A. *O mistério da consciência: do corpo e das emoções ao conhecimento de si*. São Paulo: Companhia das Letras, 2015.

DAVIS, L. K.; PANKSEPP, J. *The emotional foundations of personality: a neurobiological and evolutionary approach*. New York: Norton, 2017.

DEHAENE, S.; CHANGEUX, J. P. Reward-dependent learning in neuronal networks for planning and decision making. *Prog Brain Res*, n. 126, p. 217-229, 2000.

DELIZA, R.; OLIVEIRA, D. C. R. de; ROSENTHAL, A.; WALTER, E. H. M.; GIMÉNEZ, A.; ARES, G. Eye-tracking *e associação de palavras para avaliar a atenção do consumidor em relação à rotulagem de alimentos funcionais*. Rio de Janeiro: Embrapa Agroindústria de Alimentos, 2016.

DESCARTES, R. *De Homine figuris et latinitate donatus a Florentio Schuyl*. Leyden, 1662.

DRAKE, C.; BERTRAND, D. The quest for universals in temporal processing in music. *Annals of the New York Academy of Science*, p. 17-27, 2001.

DUARTE JÚNIOR, J. F. *Fundamentos estéticos da educação*. São Paulo: Cortez, 1981.

DUFFLES, M. Neuroestética busca princípio biológico do belo. *O Globo, Prosa & Verso*, p. 4, 30 dez. 2006.

DULABH, M.; VAZQUEZ, D.; RYDING, D.; CASSON, A. Measuring consumer engagement in the brain to online interactive shopping environments. In: JUNG, T.; DIECK, M. C. T. (Eds.). *Augmented reality and virtual real*. Cham: Springer; 2018. p. 145-165.

ECO, U. *História da beleza*. 6. ed. Rio de Janeiro: Record, 2004.

ECO, U. *História da beleza*. AGUIAR, E. (Trad.). 2. ed. Rio de Janeiro: Record, 2010.

FARAH, M. *The cognitive neuroscience of vision*. Malden: Blackwell, 2002.

FECHNER, G. *Da anatomia comparada dos anjos*. NEVES, P. (Trad.). São Paulo: Editora 34, 1998.

FINGER, S. *Origins of neuroscience: a history of explorations into brain function.* New York: Oxford University Press, 1994.

FITOUSSI, M. *A mulher que inventou a beleza: a vida de Helena Rubinstein.* Rio de Janeiro: Objetiva, 2013.

FONSECA, M. R. A. História da beleza. *Revista Marraio,* v. 26, p. 58-64, 2013.

FREITAS, A. S. de. *Rencontre des arts.* Paris: Harmattan, 2015.

FREITAS, A. S. Em busca de novas epistemologias: neuroestética e neurociência cognitiva das artes. *Revista Trama Interdisciplinar,* v. 8, n. 2, p. 159-175, 2017.

GALENO, C. *Oeuvres anatomiques, physiologiques et médicales.* DAREMBERG, C. (Trad.). Paris: Baillière, 1854.

GARCILLÁN, M. *Marketing para cosméticos: uma abordagem internacional.* Thomson Learning, 2008. p. 47.

GARCZAREK-BAK, U.; DISTERHEFT, A. EEG frontal asymmetry predicts FMCG product purchase differently for national brands and private labels. *Journal of Neuroscience, Psychology, and Economics,* v. 11, n. 3, p. 182-195, 2018.

GARDNER, H. *Inteligências múltiplas: a teoria na prática.* Tradução de M. A. V. Veronese. Porto Alegre: Artes Médicas, 1995.

GAZZANIGA, M. S. (Ed.). *Handbook of cognitive neuroscience.* Springer, 2014.

GEARY, D. C.; HUFFMAN, K. J. *Brain and congnitive evolution: forms of mind,* v. 128, p. 667-98, 2002.

GIL, A. C. *Como elaborar projetos de pesquisa.* São Paulo: Atlas, 2009.

GOBÉ, M. B. *Humanizing brands through emotional design.* Allworth Press, 2016. p. 20-236.

HAYKIN, S. *Redes neurais: princípios e prática.* Porto Alegre: Bookman, 2007.

HELLER, E. *A psicologia das cores: como as cores afetam a emoção e a razão.* Rio de Janeiro: Garamond, 2012.

HERRNSTEIN, R. J.; BORING, E. G. (Orgs.). *Textos básicos de história da psicologia.* Tradução de D. M. Leite. São Paulo: Herder/Editora da USP; 1971.

HEVNER, A. R.; DAVIS, C.; COLLINS, R. W.; GILL, T. G. A neurodesign model for IS research. *Informing Science: The International Journal of an Emerging Transdiscipline,* v. 17, p. 103-132, 2014.

HIPÓCRATES. *Hippocrate: Oeuvres complètes.* vol. 4. LITTRÉ, E. (Trad.). Paris: Javal et Bourdeaux, 1932.

HIPÓCRATES. *Hippocrates.* JONES, W. H. S. (Trad.). Loeb Classical Library, 8 vols., Cambridge: Harvard University Press, 1968-1998.

HIRSTEIN, W. Neuroaesthetics: responding to the critics. *Psychology Today,* 18 dez. 2012.

HUBBARD, E. M.; RAMACHANDRAN, V. S. Neurocognitive mechanisms of synesthesia. *Neuron*, v. 48, n. 3, p. 509-20, 2005.

HUDSON, N. J. *Musical beauty and information compression: complex to the ear but simples to the mind?* v. 4, p. 2-9, 2011.

ITZHAK, A.; ETCOFF, N.; DAN, A.; CHABRIS, C.; O'CONNOR, E.; BREITER, H. C. *Beautiful faces have variable reward value: fmri and behavioral evidence*, n. 32, p. 537-551, 2001.

JIMÉNEZ, J. Use of neuroscience tools during the R&D process of cosmetic products. *Prospecter.* 2017. Disponível em: https://knowledge.ulprospector.com/7532/pcc-use--neuroscience-tools-rd-process-cosmetic-products/

JU, H. W.; JOHNSON, K. K. P. Fashion advertisements and young women: determining visual attention using eye tracking. *Clothing and Textiles Research Journal*, v. 28, n. 3, p. 159-173, 2010.

KANDEL, E. *The age of insight: the quest to undestand the unconscious in art, mind, and brain, from Vienna 1900 to the present.* New York: Random House, 2012.

KANDEL, E. J.; SCHWARTZ, T.; JESSELL, S.; SIEGELBAUM A.; HUDSPETH. *Principles of neural science.* 5. ed. McGraw-Hill, 2013.

KARWOWSKI, M. Did curiosity kill the cat? Relationship between trait curiosity, creative self efficacy and creative personal identity. *Europe's Journal of Psychology*, v. 8, n. 4, p. 547-5, 2011.

KARWOWSKI, M.; LEBUDA, I.; BEGHETTO, R. Creative self-beliefs. In: KAUFMAN J. C.; STERNBERG, R. J. (Eds.). *The Cambridge Handbook of Creativity*. Cambridge University Press, 2019, p. 396-417.

KAWABATA, H.; ZEKI, S. Neural correlates of beauty. *Journal of Neurophysiology*, v. 91, n. 4, p. 1699-1705, abr. 2004.

KHALFA, S.; ISABELLE, P.; JEAN-PIERRE, B.; MANON, R. Evente-related skin conductance responses to musical emotions in humans. *Neurosci Lett*, v. 328, p. 145-9, 2002.

KIM, H.; ADOLPHS, R.; O'DOHERTY, J. P.; SHIMOJO, S. Isolamento temporal de processos neurais subjacentes às decisões de preferência de face. *Proc Natl Acad Sci EUA*, v. 104, p. 18253-18.258, 2007.

KIM, Y.; SONG, H. K.; JANG, H. Comparison of eye movement and fit rating criteria in judging pants fit between experts and novices- using eye tracking technology. *Fashion & Textile Research Journal*, v. 19, p. 230-239, 2017.

KIRKLAND, L. *Using neuroscience to inform your UX strategy and design.* 2012. Disponível em: https://www.uxmatters.com/mt/archives/2012/07/using-neuroscience--to-inform-your-ux-strategy-and-design.php

Referências **135**

KNUTSON, B.; RICK, S.; WIMMER, G. E.; PRELEC, D.; LOEWENSTEIN. G. Preditores neurais de compras. *Neuron*, v. 53, p. 147-156, 2007.

KRUGMAN, H. E. Brain wave measures of media involvement. *Journal of Advertising Research*, v. 11, n. 1, p. 3-9, 1971.

LATOUR, B. *Science in action*. Cambridge: Harvard University Press, 1987.

LEDOUX, J. E. Emotion circuits in the brain. *Annual Review of Neuroscience*, v. 23, p. 155-184, 2000.

LEISSNER, M. *Multisensory special effects in beauty packaging for ROI that glows*. 2018. Disponível em: https://cpnanewsflash.com/multisensory-special-effects-in-beauty-packaging-for-roi-that-glows/

LENT, R. *Neurociência da mente e do comportamento*. Rio de Janeiro: Guanabara Koogan, 2008.

LEOTE, R. S. *ArteCiênciaArte*. São Paulo: Unesp, 2015.

LEOTE, R. S. Multisensorialidade e sinestesia: poéticas possíveis? *ARS*, São Paulo, v. 12, n. 24, p. 43-61, 2014.

LEOTE, R. S.; OLIVEIRA, H. C.; BARAÚNA, D. Apropriações da arte pela ciência: casos da neuropsicologia. In: MEDEIROS, A.; PIMENTEL, L.; HAMOY, I.; FRONER, Y-A. (Orgs.). *Anais do 23o Encontro Nacional da Associação de Pesquisadores de Artes Plásticas. Ecossistemas Artísticos*. Belo Horizonte: ANPAP/ICA/UFMG, 2015.

LESSA, H. T.; JESUS, T. S. A.; CORRÊA, J. F. Coreografando o corpo de espectador: aproximações entre neuroestética e dança. *Revista CENA*, v. 18, jul. 2014.

LEWINSKI, P.; FRANSEN, M. L.; TAN, E. S. H. Predicting advertising effectiveness by facial expressions in response to amusing persuasive stimuli. *Journal of Neuroscience, Psychology, and Economics*, v. 7, n. 1, p. 1-14, 2014.

LOTTO, B. *Golpe de vista: como a ciência pode nos ajudar a ver o mundo de outra forma*. Rio de Janeiro: Rocco, 2019.

LUPTON, E. *Intuição, ação, criação: design thinking*. Gustavo Gili, 2012. p. 6.

LURIA, A. R. *The working brain: an introduction to neuropsycology*. New York: Penguin Books, 1981.

MACLEAN, P. *The triune brain in evolution: role in paleocerebral functions*. New York: Plenum, 1990.

MARANHÃO-FILHO, P. Mr. Phineas Gage e o acidente que deu novo rumo à neurologia. *Rev Bras Neurol*, v. 50, n. 2, p. 33-35, 2014.

MARANHÃO-FILHO, P.; COSTA, A. L. *Neurologia: dúvidas e acertos*. Rio de Janeiro: Revinter, 2006. p. 615.

MARR, D. *Vision: a computational investigation in to the human representation and processing of visual information*. New York: WHF Reemanand Company, 1982.

MATSUMOTO, E. *MATLAB R2013a: teoria e programação-guia prático*. São Paulo: Érica, 2013.

MERLEAU-PONTY, M. *O olho e o espírito*. São Paulo: Cosac e Naify, 2004.

MILLER, G. The magical number seven, plus or minus two: some limits on our capacity for processing information. *Psychological Review*, v. 101 (2), p. 343-352, 1956.

MILNER, B. Brenda Milner. In: SQUIRE L. R. (Ed.). *The history of neuroscience in autobiography*. Washington: Academic Press, 1998. p. 276-305.

MILOSAVLJEVIC, M.; MALMAUD, J.; HUTH, A.; KOCH, C.; RANGEL, A. The drift diffusion model can account for the accuracy and reaction time of value-based choices under high and low time pressure. *Decis Mak*, p. 437-449, 2010.

NICHOLLS, J. A.; MARTIN R.; WALLACE, B.; FUCHS., P. *From neuron to brain: a cellular and molecular approach to the function of the nervous system*. 4. ed. Sinauer, 2001.

NÓ, R. L. D. *Cerebral cortex: architectonics, intracortical connections*. 3.ed. [S.I]: Fulton, J. F., 1949, p. 274-301.

NORMAN, D. A. *Design emocional: porque adoramos (ou detestamos) os objetos do dia a dia*. Rio de Janeiro: Rocco, 2008.

NOVAES, J. V. *Ser mulher, ser feia, ser excluída*. 2005. Disponível em: http://www.psicologia.com.pt/artigos/textos/A0237.pdf

O'DOHERTY, J.; WINSTON, J.; CRITCHLEY, H.; PERRETT, D.; BURT, D. M.; DOLAN, R. J. Beleza em um sorriso: o papel do córtex orbitofrontal medial na atratividade facial. *Neuropsychologia*, v. 41, p. 147-155, 2003.

OHME, R.; MATUKIN, M.; PACULA-LESNIAK, B. Biometric measures for interactve advertsing research. *Journal of Interactive Advertising*, v. 11, n. 2, p. 60-72, 2011.

ORQUIN J. L.; LOOSE, S. M. Attention and choice: a review on eye movements in decision making. *Acta Psychologica*, v. 144, n. 1, p. 190-206, 2013.

PANKSEPP, J.; BERNATZKY, G. Emotional sounds and the brain: the neuro-affective foundations of musical appreciation. *Behav Processes*, v. 60, p. 133-55, 2002.

PANKSEPP, J.; BIVEN, L. *The archeology of mind*. New York, 2012.

PASQUALE, P. P. *Neuromarketing: a teoria na prática*. São Paulo: Plêiade, 2014.

PHELPS, E. A.; O'CONNOR, K. J.; GATENBY, J. C.; GRILLON, C.; DAVIS, M. Activation of the left amydala to a cognitive representation of fear. *Nature Neuroscience*, v. 4, p. 437-441, 2001.

PIQUERAS-FISZMAN, B.; VELASCO, C.; SALGADO-MONTEJO, A.; SPENCE, C. Using combined eye tracking and word association in order to assess novel packaging solutions: a case study involving jam jars. *Food Quality and Preference*, v. 28, n. 1, p. 328-338, 2013.

Referências

137

PORTILLA, F. A.; WRIGHT-CARR, D. C. La neuroestética y las artes visuales: un acercamiento preliminar. In: *Memoria de Veranos de Investigación Científica*. Universidade de Guanajuato, jul. 2014. Disponível em: https://www.researchgate.net/publication/264417409_La_neuroestetica_y_las_artes_visuales_un_acercamiento_preliminar

PRADEEP, A. K. *O cérebro consumista: conheça os segredos mais bem guardados para vender para a mente subconsciente.* São Paulo: Cultrix, 2012.

RAMACHANDRAN, R.; ZHAO, X. F.; GOLDMAN, D. A repressão genética mediada por Insm1a é essencial para a formação e diferenciação de progenitores derivados da glia de Müller na retina lesionada. *Biologia celular da natureza*, v. 14, n. 10, p. 1013-1023, 2012.

RAMACHANDRAN, V. S. *O que o cérebro tem para contar: desvendando os mistérios da natureza humana.* Rio de Janeiro: Zahar, 2014.

RAMACHANDRAN, V. S. *The neurological basis of artistic universals.* Disponível em: https://philarchive.org/rec/RAMTSO-5

RAMACHANDRAN, V. S.; HIRSTEIN, W. The science of art: a neurological theory of aesthetic experience. *Journal of Consciousness Studies*, v. 6, n. 6-7, p. 15-51, 1999.

RAMACHANDRAN, V. S. *Los laberintos del cerebro.* Madrid: La Liebre de Marzo, 2008.

RAMACHANDRAN, V. S. *The tell-tale brain: a neuroscientist's quest for what makes us human.* 2010.

REBER, P. J. The neural basis of implicit learning and memory: a review of neuropsychological and neuroimaging research. *Neuropsychologia*, v. 51, n. 10, p. 2026-42, 2013.

REIMANN, M.; SCHILKE, O.; WEBER, B.; NEUHAUS, C.; ZAICHKOWSKY, J. Functional magnet ressonance imaging in consumer research: a review and application. *Psychology and Marketing*, v. 28, n. 6, p. 608-637, 2011.

RICHARDS, I. A. *Science and poetry.* 1926. Kegan Pub.

RIEKE, M. L.; GUASTELLO, S. J. (1995). Questões não resolvidas em testes de honestidade e integridade. *Psicólogo Americano*, v. 50, n. 6, p. 458-459, 1995.

ROBINSON, T. N.; BORZEKOWSKI, D. L. G.; MATHESON, D. M.; KRAEMER, H. C. Effects of fast-food branding on young children's taste preferences. *Arch Pediatr Adolesc Med*, v. 161, n. 8, p. 792-797, 2007.

ROXO, M. R.; FRANCESCHINI, P. R.; ZUBARAN, C.; KLEBER, F. D.; SANDER, J.W. The limbic system conception and its historical evolution. *Scientific World Journal*, v. 11, p. 2428-41, 2011.

RUSSELL, S. J.; NORVIG, P. *Artificial intelligence: a modern approach.* Malaysia: Pearson Education, 2016.

SAAD, G. *The evolutionary bases of consumption gad stad*. Psychology Press, 2007.

SAAD, G. The consuming instinct: what juicy burgers, ferraris, pornography, and gift giving reveal about human nature. *Nature Hardcover*, 2011.

SAAD, G. *The parasitic mind: how the parasitic mind: how infectious ideas are killing common sense*. Regnery Publishing, 2021.

SABBATINI, R. M. E. A história da psicocirurgia. *Revista Cérebro & Mente*, 2, 1997.

SABBATINI, R. M. E. A descoberta da bioeletricidade. *Revista Cérebro & Mente*, 6 1998.

SALAH, A. A. A.; SALAH, A. A. Technoscience art: a bridge between neuroesthetics and art history? *Review of General Psychology*, v. 12, n. 2, p. 147-58, 2008.

SANT'ANNA, D. B. *A história da beleza no Brasil*. São Paulo: Contexto, 2014.

SANTOS, L. R. *A concepção kantiana da experiência estética: novidades, tensões e equilíbrios*. 2010. Disponível em: https://www.scielo.br/pdf/trans/v33n2/v33n2a04

SCOVILLE, W. B.; MILNER, B. Loss of memory after bilateral hippocampal lesions. *Journal Neurology, Neurosurgery of Psychiatry*, v. 20, p. 11-21, 1956.

SEELEY, W. P. What is the cognitive neuroscience of art and why should we care? *American Society for Aesthetics*, 2011. Disponível em: http://aesthetics-online. org/?page=SeeleyCS

SEMELER, A. M.; CARMO, J. S. A neuroestética como retomada da experiência estética enquanto forma de conhecimento visual. *Revista Intuito*, PUCRS, v. 4, n. 2,p. 4-16, 2011.

SILVA, S. G.; SACKS, O. A neurofenomenologia do self. *Revista Latinoamericana de Psicopatologia Fundamental*, v. 14, n. 3, set. 2011.

SIMPSON, D. Phrenology and the neurosciences: contributions of F. J. Gall and J. G. Spurzheim. *ANZ Journal of Surgery*, v. 75, n. 6, p. 475, 2005.

SPRINGER, S. P.; DEUTSCH, G. *O cérebro esquerdo e direito*. São Paulo: Summus, 1998. p. 418.

SPURZHEIM, J. C. *Observations sur la phraenologie, ou la connaissance de l'homme moral et intellectuel, fondée sur les fontions du système nerveux*. Paris: Treuttel & Wurtz, 1818.

SQUIRE, L. R. The legacy of patient H.M. for neuroscience. *Neuron*, v. 61, p. 6-9, 2009.

SQUIRE, L. R.; ZOLA, S. M. Structure and function of declarative and nondeclarative memory systems. *Proceedings of the National Academy of Sciences of the United States of America*, v. 93, n. 24, p. 13515-22, 1996.

SQUIRE, L. R.; KANDEL, E. R. *Memória: da mente às moléculas*. Porto Alegre: Artmed, 2003.

Referências **139**

SQUIRE, J.; ROBERTS, N.; SPITZER, M.; ZIGMOND, S.; BLOOM, F. *Fundamental neuroscience*. 2. ed. San Diego: Academic Press, 2003.

STICKDORN, M.; SCHNEIDER, J. *Isto é design thinking de serviços*. Porto Alegre: Bookman, 2014. p. 70-91.

TAKASHI, T.; CABEZA, R. Shared brain activity for aesthetic and moral judgments: implications for the Beauty-is-Good stereotype. *Soc Cogn Affect Neurosci*, v. 6, n. 1, p. 138-148, 2011.

TRINDADE, M. A magnetoencefalografia: aplicações clínicas. *Acta Médica Portuguesa*, 2002. Disponível em: http://www.actamedicaportuguesa.com/revista/index.php/amp/article/viewFile/1082/747

TUNGATE, M. *O império da beleza: como o marketing da L'Oreal, Natura, Avon, Revlon, Nivea e outras mudou nossa aparência*. São Paulo: Seoman, 2013.

VALTONEN, A. Redefining industrial design. *University of Art and Design*. Helsinki, 2007.

VASSILIEVA, J. *Eisenstein/Vygotsky/Luria's project: cinematic thinking and the integrative science of mind and brain*. *Screening the Past*, n. 38, 2013. Disponível em: http://www.screeningthepast.com/2013/12/eisenstein-vygotsky-luria's-project-cinematic--thinking-and-the-integrative-science-of-mind-and-brain/

VIEIRA, J. A. *Formas de conhecimento*: arte e ciência – *uma visão a partir da complexidade*. Fortaleza: Expressão, 2006 (Teoria do conhecimento e arte, v. 1).

VIGARELLO, G. *História da beleza*. In: SCHLAFMAN, L. (Trad.). Rio de Janeiro: Ediouro, 2006.

VISCOTT, D. *A linguagem dos sentimentos*. 18. ed. São Paulo: Summus, 1982. p. 17.

WAGNER, A.; MAHRHOLDT, H.; HOLLY, T. A.; ELLIOTT, M. D.; REGENFUS, M.; PARKER, M. *et al*. Contrast-enhanced MRI and routine single photon emission computed tomography (SPECT) perfusion imaging for detection of subendocardial myocardial infarcts: an imaging study. *Lancet*, v. 361, n. 9355, p. 374-379, 2003.

WALLISCH, P.; LUSINGNAN, M. E.; BENAYOUN, M. D.; BAKER, T. I.; DICKEY, A. S.; HATSOPOULOS, N. G. *MATLAB for neuroscientists: an introduction to scientific computing in MATLAB*. 2. ed. Academic Press, 2014.

WEINSTEIN, S.; WEINSTEIN, C.; DROZDENKO, R. Brain wave analysis: an electroencephalographic technique used for evaluating the communications-effect of advertising. *Psychology and Marketing*, v. 1, n. 1, p. 17-42, 1984.

WICKENS, C. D. Display modalities and multiple resources. In: *Annual Meeting Human Factors Society*, 32, Santa Monica (CA), 1987.

WILLNER, P. *Behavioral models in psychopharmacology: theoretical, industrial an clinical perspectives*. Cambridge: Cambridge University Press, 1991.

WILSON, S. *Information arts: intersections of art, science and technology.* Cambridge: The MIT Press, 2002.

WINKIELMAN, P.; ZAJONC R. B; SCHWARZ, N. Subliminal affective priming resists attributional interventions. *Cognition & Emotion*, v. 11, n. 4, p. 433-465, 1997.

ZALTMAN, G. *How customers think: essential insights into the mind of the market.* Boston: Harvard Business School Press, 2003.

ZATORRE, R. J. Discrimination and recognition of tonal melodies after unilateral cerebral excisions. *Neuropsychologia*, v. 23, n. 1, p. 31-41, 1985.

ZATORRE, R. J. Pitch perception of complex tones and human temporal-lobe function. *J Acoust Soc Am*, v. 84, n. 2, p. 566-72, 1988.

ZATORRE, R. J.; BELIN, P.; PENHUNE, V. B. Structure and function of auditory cortex: music and speech. *Trends in Cognitive Sciences*, v. 6, n. 1, p. 37-46, 2002.

ZEKI, S. Art and the brain. *Journal of Consciousness Studies*, v. 6, n. 6-7, 1999.

ZEKI, S. *Inner vision: an exploration of art and the brain.* Oxford: Oxford University Press, 2000.

ZEKI, S. Artistic creativity and the brain. *Science*, v. 293, n. 5527, p. 51-52, 2001.

ZILLMER, E. A. National Academy of Neuropsychology: President's address: the future of neuropsychology. *Archives of Clinical Neuropsychology*, v. 19, p. 713-724, 2004.

ZUANON, R. *Projective processes and neuroscience in art and design.* Hershey: IGI Global, 2016.

ZURAWICKI, L. *Neuromarketing: exploring the brain of the consumer.* Boston: Springer, 2010.

ZWICK, L. M. As leis da estética na arte russa. *Revista da Universidade de São Paulo.* 2018. Disponível em: http://www.journals.usp.br/rus/article/download/150116/153795

Webgrafia

http://rhetoricofhealth.blogspot.com/2011/09/more-about-phrenology.html

http://www.cerebromente.org.br/n16/history/mind-history.html

http://www.scielo.br/scielo.php?script=sci_arttext&pid=S0103-40142013000300012

https://cienciadocerebro.files.wordpress.com/2014/12/linha-do-tempo.png?w=480&h=365

https://cienciadocerebro.wordpress.com/2014/11/21/uma-breve-historia-da-neuropsicologia-parte-i/

https://sophiaofnature.wordpress.com/2014/12/13/a-historia-do-cerebro/

https://www.uxmatters.com/mt/archives/2012/07/using-neuroscience-to-inform--your-ux-strategy-and-design.php

https://www.cosmeticsdesign.com/Article/2017/03/23/expert-opinion-column-Two--Views-on-neuroscience-in-the-beauty-industry

GRÁFICA PAYM
Tel. [11] 4392-3344
paym@graficapaym.com.br